경쟁의
정수와 꼼수

경쟁의

정수와 꼼수

의

김해원

좋은땅

어떤 사람이 경쟁의 고수인가?

    글로벌 무한경쟁 시대에는 자기와 동일한 목표를 가진 사람이 많으면 많을수록 더 많은 사람들과 치열하게 경쟁해야 한다. 이 책은 글로벌 무한경쟁 시대에 살아남기 위해서는 어떻게 경쟁해야 하고, 경쟁에서 승리하기 위해서는 어떻게 해야 하는가에 대한 내용을 위주로 구성했다. 또, 주로 경쟁의 고수로 거듭나기 위해서는 어떻게 해야 하며, 적이 없는 최강자가 되기 위해서는 어떻게 해야 하는가에 대한 내용을 담았다.

    일반적으로, 삶의 연륜과 경험이 많고 지혜가 출중한 사람을 인생의 고수라고 칭한다. 하지만 인생의 고수가 반드시 경쟁의 고수가 되는 것은 아니다. 경쟁의 고수는 어제의 자기보다 더 나은 자기를 만들기 위해 남과 비교하지 않고 오로지 자기가 정한 목표를 향해 부단히 노력하는 사람이다. 그런데 그 목적이 남을 이기기 위한 것이라면 경쟁의 하수이고, 올곧게 자기 성장을 도모하는 것이라면 경쟁의 고수이다.

    참고로, 이 책에서 말하는 최강자는 남과 경쟁하지 않고 오로지 자기와 경쟁하는 사람을 의미한다. 어제보다 더 나은 오늘, 오늘보다 더 나은 내일을 만들기 위해 극기(克己)와 신독(愼獨)의 마음으로 하늘을 우러러 한 점 부끄러움 없는 삶을 사는 사람이 최강자이다. 그런 사람은 공통적으로 근면성실하고, 사익을 꾀하지 않으며, 세상의 흐름에 역행하지 않는다. 또 타인의 잘못에 너그럽고 자기의 잘못에 대해 매우 엄격하다. 또 사사로이 권력을 탐하지 않고 늘 겸손하며, 정성스럽고 온유한 태도로 다른 사람을 배려한다. 그러니 결코 적이 생길 리 없다.

모쪼록, 이 책에 담긴 경쟁의 속성을 체득하고, 경쟁의 정수와 꼼수를 익혀, 생존 경쟁 시대에 자기 삶의 기반을 공고히 다지고, 다른 사람과 더불어 함께 행복한 세상을 열어가는 경쟁의 고수이자 경쟁의 최강자가 되기를 간절히 희망한다.

황금빛 쇳물이 용트림하는 광양만에서
김해원 올림

목차

2장 : 경쟁의 정수

3장 : 경쟁의 꼼수

1장 :

경쟁의 속성

1. 경쟁은 배움이다

누군가와 경쟁을 한다는 것은 무엇인가를 배우고 있다는 것이고, 무엇인가를 배우고 있다는 것은 누군가와 경쟁하거나 목표가 있다는 의미이다. 또 지적 호기심과 욕구를 충족하고자 하는 마음이 있다는 것을 의미하기도 한다. 결과적으로 누군가와 경쟁하기 위해서는 기본적으로 알아야 하는 것들을 알아야 한다. 왜냐하면 아는 것이 있어야 보이고, 보이는 것이 있어야 느끼며, 느끼는 것이 있어야 제대로 된 경쟁을 할 수 있기 때문이다. 그래서 자기와 경쟁을 하든 다른 사람과 경쟁을 하든 간에 경쟁을 한다는 것은 배우고 익히는 과정에 있음을 의미한다. 보다 중요한 것은 배우지 않으면 경쟁에서 이길 수 없고, 경쟁에서 이기기 위해서는 반드시 배워야 한다는 사실이다. 아울러 경쟁 상대보다 더 많은 것을 알아야 하고, 경쟁 상대가 보지 못하는 것을 볼 수 있어야 하며, 경쟁 상대가 전혀 가 보지 않은 길을 갈 수 있어야 한다. 이에 더하여, 경쟁 상대를 이기기 위해 기본적으로 무엇을 배워야 하는지를 아는 것이 중요하다. 정작 배우고 익혔는데 경쟁에 전혀 도움이 되지 않는다면 헛물을 켠 것이다.

모든 전문가도 처음에는 초보였다. 배우는 과정에서 자기가 모르는 것을 알게 됐고, 모르는 것을 알아 가는 과정에서 전문가가 된 것이다. 알고 있을 때와 모를 때에 보는 것은 차이가 크다. 올라갈 때 보지 못한 꽃을 내려올 때 볼 수 있는 것은 단순히 여유가 생겨서 보게 된 것이 아니라 아는 것이 생겨서 그간에 보지 못했던 것을 보게 된 것이다. 그러므로 마치 수준 높은 영어를 구사하기 위해 가장 기초적인 영문법을 익혀야 하듯이 자기보다 강한 상대와 경쟁하기 위해서는 그에 필요한 기초 지식을 배우고 익혀야 한다.

수영을 한 번도 해 본 적이 없는 사람이 갑자기 수영을 잘하는 사람과 경쟁을 하겠다고 나서는 것은 어리석은 짓이다. 또 전혀 등산 경험이 없는 사람이 등산을 잘하는 사람과 경쟁을 한다는 것 또한 무모한 짓이다. 그러므로, 단거리 육상 선수가 순발력을 기르고 장거리 육상 선수가 지구력을 기르듯이 경쟁 상대와 대적하기 위해서는 그에 걸맞은 힘을 기르기 위해 배우고 익혀야 한다. 그래서 배운다는 것은 경쟁 상대를 앞서가기 위한 여정이고, 다른 사람이 자기와 경쟁할 엄두를 내지 못하도록 철통같은 방어망을 구축하는 과정이다.

공자는 《논어》에서 배우고 익히는 것이 즐겁고, 멀리서 벗이 찾아오니 기쁘며, 남들이 알아주지 않아도 성내지 않으니 군자라고 말을 하면서 자기는 그런 유형의 사람이라고 했다. 학습의 시조인 공자는 전쟁이 많았던 춘추전국시대에 인의 정치를 표방하는 유세를 고집했다. 그런데, 유가의 공자와 중상모략을 마다하지 않는 대부들이 경쟁하면 누가 이길까? 당연히 대부들이 이길 수밖에 없다. 이론적으로 볼 때 인의 정치를 표방해야 평화가 유지된다는 공자의 주장이 틀린 말은 아니지만, 현실적으로 인을 행하면서 전쟁에서 승리할 수는 없다. 이와 마찬가지로 경쟁에서 승리하기 위해서는 시대적 상황과 여건을 감안하여 그에 걸맞은 것을 배우고 익혀야 한다. 그런 시대적인 동향을 읽을 수 있는 통찰력은 앎의 영역이 넓어지고, 배움과 익힘의 깊이가 깊어지면 자연스럽게 생긴다. 그러므로 경쟁에 임할 때는 경쟁에서 승리하겠다는 생각보다 경쟁을 통해 배운다는 생각으로 임해야 한다. 왜냐하면 경쟁에서 이긴다는 생각으로 경쟁을 하다 보면 경쟁 상대의 약점을 공략하는 데 급급하게 되고, 자기의 부족한 부분을 객관적으로 들여다볼 수 있는 기회를 놓치기 때문이다. 그러므로 경쟁 과정에서 상대를 통해 배울 점이 무엇이 있는가에 초점을 두고 경쟁해야 한다, 그러면 그간 보이지 않았던 것이 보이게 되고, 경쟁 상대의 입장에서 경쟁 상대의 전략을 들여다볼 수 있는 안목이 길러진다. 이에 더하여 단순히 경쟁 과정에서 파생된 것을 경험을 통해 몸에 익히는 그러한 배움이 아니라, 사전에 배움을 설계하고 기획하는 등 자기의 의지를 담아서 배우고 익히는 경쟁이어야 한다. 그렇게 하면 경쟁이 거듭될수록 지속 성장과 진화 이외에 사람을 상대할 때 어떻게 상대하는 것이 더 좋은가에 대한 대인관계 스킬도 배우고 익히는 실익을 얻게 된다.

어떤 분야에 도가 튼 사람을 전문가라고 한다. 결국 경쟁에서 도가 튼 사람이 경쟁의 전문가이다. 사실 다수의 경쟁에서 승리한 경험이 있는 사람이라고 해서 모든 경쟁에서 승리하는 경우는 없다. 오히려 과거의 성공 경험이 때로는 오늘의 패배 원인이 되기도 한다. 그러므로 경쟁을 많이 해 봤다고 해서 경쟁에 도가 텄다고 자만하지 말아야 한다. 아울러 경쟁에서 승리한 경험보다 패배해서 무너지고 넘어진 경험이 오히려 경쟁에 도움이 되는 경우가 더 많을 수도 있다. 그러므로 넘어져 본 경험으로 인해 넘어지지 않는 방법을 배우고, 패배한 경험으로 인해 패배하지 않는 방법을 익혀야 한다.

2. 경쟁은 삶에 활력을 준다

사는 것이 재미가 없거나 무슨 일을 해도 별다른 흥미를 느끼지 못하고 있다면, 경쟁을 하지 않고 있을 확률이 높다. 또 더 이상 잃을 것도 없고, 얻고 싶은 것이 없다는 생각으로 현상 유지를 고집한다면 경쟁을 하지 않고 있다고 보면 된다. 또 마치 인생을 달관한 사람처럼 자연의 순리에 따라 유연하게 살고 있다면 경쟁을 하지 않고 있다고 볼 수 있다.

경쟁을 하는 사람과 하지 않는 사람은 삶을 대하는 태도가 다르다. 경쟁하는 사람은 그렇지 않은 사람에 비해 삶에 활력이 넘치고 생동감이 있다. 물론 경쟁으로 인해 받는 스트레스도 있지만, 그렇다고 해서 그로 인해 좌절하거나 맥없이 주저앉는 경우는 없다. 그래서 경쟁을 한다는 것은 삶에 목표가 있다는 것이고, 하고자 하는 일에 열정과 활력이 있다는 것을 의미한다. 반면에 경쟁을 하고 있지 않은 사람은 현실에 만족하며 스스로 안분지족의 삶을 살고 있다는 착각 속에 살고 있을 확률이 높다. 일례로 반평생 직장 생활을 해 온 대부분의 사람들은 회사의 규제 속에서 동료들과 선의의 경쟁이라는 허울 좋은 명분으로 치열하게 경쟁한다. 그래서 정년 이후에는 모든 것을 내려놓고 남과 경쟁하지 않고 마음 편하게 자연의 품 안에서 자유를 만끽하는 삶을 살고 싶어 한다. 하지만 세상은 그리 호락호락하지 않다. 그 누구의 간섭도 받지 않고 마음 편하게 자유를 만끽하는 삶의 터전을 마련하는 것 자체도 쉬운 것은 아니다. 즉 누구나 정년퇴직을 하자마자 그 누구의 간섭도 받지 않고 자유를 만끽하는 자연인으로 살 수 있는 것은 아니다. 아니 어쩌면 정년퇴직 이후에는 매월 일정하게 들어오던 월급이 끊겨서 더욱 치열하게 경쟁하며 돈을 벌어야 하는 상황에 처할 수도 있다. 특히 부양가족이 많거나 정년 이후 인생을 준비하지 않은 사람에게는 정년퇴직은 그야말로 사형 선고나 다를 바 없다. 만약의 경우 정년퇴직 이후 무료하고, 사는 것이 재미가 없으며, 매일 반복되는 일상에서 무료함을 느낀다면 즉시 경쟁 상대를 찾아 경쟁에 임하자. 또 자기가 왜 사는지 의구심이 든다면 억지로라도 경쟁의 판에 뛰어들자. 또 하고 싶은 것도 없고 할 수 있는 것도 많지 않다는 생각이 든다면 즉시 경쟁 대상자를 찾아 경쟁에 임하자.

경쟁은 한쪽에서 이익을 보면 다른 한쪽에서 손해를 보기 때문에 나쁜 것이라고 말하는 사람도 결국은 경쟁을 해야 하는 상황에 처하면 경쟁을 할 수밖에 없다. 왜냐하면 인간은 필연적으로 생존과 진화를 위해 경쟁을 해야 하기 때문이다. 그렇다고 해서 생존과 진화를 위해 365일 쉬지 않고 경쟁을 하는 것은 아니다. 국가 간에도 평화의 시기가 있고 전쟁의 시기가 있듯이 개인 간에도 경쟁의 시기가 있고 평화의 시기가 있다. 그런 관점에서 볼 때 삶에서 경쟁을 할 필요가 없다고 말하는 사람은 평화의 시기에 있는 사람이고, 삶 자체가 경쟁이라고 말하는 사람은 경쟁의 시기에 있는 사람이다. 역사는 반복된다는 말이 있듯이 우리네 삶 또한 경쟁과 평화가 서로 반복된다. 또 맑은 날이 계속되지 않듯이 우리네 삶 또한 경쟁과 평화 중 어느 한쪽만의 삶이 계속되지는 않는다. 그러므로 경쟁의 삶에 있다면 평화의 삶을 대비해야 하고, 평화의 삶을 살고 있다면 경쟁의 삶을 대비해야 한다. 또 평안할 때 위기를 생각하고, 잘 나갈 때 못 나갈 때를 대비하는 사람이 생존과 진화를 거듭할 수 있다는 생각으로 경쟁 준비에 만전을 기해야 한다.

고목나무에도 꽃이 필 날이 온다는 말이 있듯이 경쟁을 하게 되면 그간 숨겨져 있던 잠재력이 발휘되어 보다 활력 있는 삶을 살게 된다. 또 굳이 회춘약을 복용하지 않아도 젊은 시절의 용기와 열정이 샘솟게 된다. 그러므로 그간 나이를 먹어서 혹은 이제는 젊은 사람들의 세상이라고 스스로 자기를 뒷방에 가두고 있다면 이제 다시금 분연히 일어나 경쟁의 판에 뛰어들어야 한다. 그렇다. 경쟁은 젊은 날의 가슴 뛰는 삶의 에너지를 샘솟게 하고, 매너리즘에 빠져 있는 중년들에게 활력을 주는 삶의 비타민이다. 그러므로 경쟁을 나쁘다고 폄하하지 말고 기꺼이 경쟁 전선에 뛰어들자. 그러면 인생에 활력이 무한대로 넘치는 팔팔한 삶을 살게 될 것이다.

3. 경쟁은 공존이다

 경쟁 상대와 경쟁을 한다고 해서 계속 긴장된 상태에서 경쟁하면서 생활을 할 수는 없다. 특히 같은 공간에서 일을 하는 직장인이나 가정에서 함께 사는 부부간에는 더욱 그러하다. 그래서 경쟁을 하면서도 경쟁 상대와 공존하고 병존해야 하며, 조화와 상생 속에서 경쟁해야 한다. 어떻게 보면 그런 경쟁이 선의의 경쟁이고 아름다운 경쟁이다. 하지만 적나라하게 말하면 선의의 경쟁이나 아름다운 경쟁은 없다. 통상적으로 서로 동반 성장하고 진화를 거듭하는 그러한 경쟁을 아름다운 경쟁으로 미화하지만, 그 속내를 들여다보면 다투고 싸우며 서로 시기하고 질투하는 난장판이 아닐 수 없다. 또 호혜평등의 좋은 관계를 유지하며, 겉으로는 평화를 이야기하고 상호 불가침의 좋은 관계를 유지하면서도 언제든 기회가 오면 전쟁을 하려는 것이 국가 간 공존을 위장한 경쟁이다. 마찬가지로 경쟁을 공존과 병존의 상생이라고 표현하는 것 또한 아름답게 포장된 경쟁이다. 그것은 경쟁 상대로 하여금 방심하게 하려는 수작이고 음모이며, 속으로는 언제든 기회가 되면 경쟁 상대를 무너뜨릴 생각을 하고 있음을 알아야 한다. 그래서 일단 경쟁이 시작되면 철두철미하게 준비해야 하고, 자신의 허점이 드러나지 않도록 빈틈없이 대비해야 한다.

 노자가 《도덕경》 36장에서 '약하게 하려면 반드시 먼저 강하게 하며, 폐지하려면 먼저 흥하게 하고, 빼앗으려면 먼저 주어라'고 말을 했듯이

경쟁의 정수와 꼼수

경쟁의 속성에 그러한 메커니즘이 상존해 있다. 마치 양의 탈을 쓴 늑대처럼 경쟁 상대의 뜻에 무조건 따르는 것처럼 자기를 위장하고 호시탐탐 기회를 엿보며, 속으로는 언제든 기회가 오면 경쟁 상대를 무너뜨릴 생각을 하는 것이 경쟁의 심리적인 메커니즘이다.

익히 아는 바와 같이, 경쟁의 궁극적인 목적은 생존과 진화, 그리고 행복이다. 인간은 본능적으로 안정된 생활을 하려는 생존의 속성이 있다. 그래서 기득권을 다른 사람들에게 빼앗기지 않으려고 하고, 자기의 현재 입지를 더욱 강화하려는 본능이 있다. 그러면서 자기의 입지를 더욱 견고히 하고 자기의 영향력을 더 키우기 위해 다른 사람과 경쟁한다. 마치 신혼 시절 작은 평수에서 살다가 점점 세월이 흐르면 더 큰 평수로 이사를 하고 싶어 하는 욕구가 생기듯이 자기의 입지를 확장하려는 욕구가 있다. 그러한 욕구가 진화의 욕구이며 그 욕구를 충족하기 위해 불가항력으로 다른 사람과 경쟁한다. 그래서 자기의 현재 위치가 불안하면 불안할수록 경쟁 심리가 더욱 발동하게 되고, 진화하려는 욕구가 크면 클수록 더욱더 치열하게 경쟁한다. 또 자기의 생존을 방해하는 사람이나 혹은 그럴 것으로 예상되는 사람이 있으면 자기의 경쟁 상대 대열에 끼지 못하도록 하기 위해 사전에 미리 싹을 제거하려는 경향을 보인다. 그럼에도 불구하고 표면적으로 상생과 동반 성장이라는 말로 경쟁을 미화시키는 이유는 경쟁에서 부당하게 승리하거나 이권을 취해도 그것이 정당하다는 명분을 확보하기 위해서이다.

참고로, 상생과 동반 성장의 경쟁 중 가장 아름다운 경쟁으로 미화시키는 대표적인 경쟁은 라이벌 경쟁이다. 라이벌(Rival)은 서로 대립하거나 선의로 경쟁하는 관계를 일컫는 말이다. 이 말의 어원은 Bank of a river

란 뜻인 Ripa이다. 즉, 개천의 자원과 통행의 주도권을 놓고 경쟁하는 것에서 파생된 단어이다.

일반적으로 자기의 라이벌은 자기가 알지 못하는 자기의 강점과 약점을 제일 세세하게 잘 알고 있는 사람이다. 그래서 라이벌 구도를 좋게 형성하면 그 라이벌이 자기 성장과 발전의 토대가 되고 발판이 되기도 한다. 이 세상이 이토록 발전을 거듭하고 나날이 진화를 거듭하는 것은 천적 간 경쟁에서 살아남기 위해 라이벌 의식을 가지고 치열하게 경쟁했기 때문이다. 흔히 노사 관계에서 프래너미(Frenemy) 라는 용어를 쓰는데 이 말은 Friend와 Enemy의 합성어이다. 즉, 친구이면서 적이고 적이면서 친구라는 협력의 노사 상생을 의미하는 단어이다. 이처럼 협력과 공존의 라이벌 의식을 가지고 경쟁을 한다면 더불어 함께 하는 삶에 경쟁의 참된 의미를 맛보게 될 것이다.

4. 경쟁은 서열과 친하다

　삼강오륜(三綱五倫)의 속내를 들여다보면 높음과 낮음, 강함과 약함 등 높낮이를 구분하는 서열 의식이 담겨 있다. 특히 군신유의(君臣有義), 부자유친(父子有親), 장유유서(長幼有序), 붕우유신(朋友有信), 부부유별(夫婦有別) 등 오륜에는 구별과 다름의 의미가 내포된 서열 의식이 가득하다. 그런 관점에서 보면 유교 문화권에서는 삼강오륜에 입각하여 미리 서열을 정해 둠으로써 서열로 인한 분란이 발생될 소지를 미리 종식시킨 것이라고 볼 수 있다. 유교의 시조인 공자는 나라가 평화를 유지하기 위해서는 '임금은 임금답고, 신하는 신하다워야 하며, 아버지는 아버지답고, 아들은 아들다워야 한다'는 정명론(正名論)을 설파했다. 이 역시도 근본적으로 서열로 인한 싸움이나 다툼을 원천 봉쇄하기 위한 말이다. 그런데 싸움이나 다툼을 좋아하는 사람들은 정명론을 거부한다. 그런 유형의 사람들은 서열은 언제든 상황과 여건에 따라 파괴할 수 있다고 생각한다. 하지만, 직장이나 군대 등의 조직이 유지되기 위해서는 가장 기본적으로 서열에 따른 위계질서가 잘 유지되어야 한다. 그래서 조직에서는 부하가 상사의 명령에 불복종하거나 상사의 권위를 넘어서는 경우에는 가차 없이 항명이라는 죄목으로 중벌을 내린다. 한마디로 조직의 쓴맛을 보게 한다.

　그렇다면, 자기보다 서열이 낮은 사람이 정명론을 거부한다면 어떻게 대하는 것이 지혜로운 처사일까? 첫째, 현재 공식적으로는 자기의 서열이 높지만 자기는 허수아비일 뿐, 실질적으로는 상대방의 서열이 높다는 것을 알게 한다. 둘째, 상대방을 대할 때 자기를 낮추고 상대방 의견에 결코 시시비비를 따지지 않는다. 셋째, 상대방과 가급적 말을 섞지 않는다. 말을 하다 보면 말다툼을 하게 되기 때문이다. 기질적으로 싸움과 다툼을 좋아하는 사람은 교만하고 상대방을 무시하는 경향이 있다. 또 자존심이 강해서 그 어떤 경우에도 자기주장이 꺾이는 것을 싫어한다. 그래서 그런 사람과 의견 충돌이 생기는 것을 미연에 방지하는 차원에서 가급적 말을 섞지 않는 것이 상책이다. 이상과 같은 처세술 이외에도 서열로 인해 무모한 경쟁을 하지 않기 위해서는 무엇보다 상대방과 정서적, 감성적 공감의 소통을 하는 것이 필요하다. 물론, 그럼에도 불구하고 서열을 중시하는 한국 사회에서는 공식적인 서열을 무시하고 수평적인 관계를 유지하는 것이 그리 쉬운 일이 아니다. 그래서 상사는 자기의 지시에 순응하지 않는 부하를 경쟁의 대상으로 삼고, 부하는 자기를 억압하는 상사를 경쟁의 대상으로 삼기도 한다. 특히 직장에서 서열을 운운하며 다른 사람을 자기의 영향력 범위 안에 넣으려는 경쟁은 무모한 경쟁이며 조직에 피해를 주는 경쟁이다. 그런 경쟁은 가능한 한 피하는 것이 상책이다. 아울러 인생을 살아가는 데 있어서 서열은 그리 중요한 것이 아니라는 생각으로 서열 그 자체에 관심을 두지 않으면 된다. 공자는 논어에서 누가 알아주지 않아도 성내지 않는 사람이 군자이며, 도가 있으면 정치에 나서고 도가 없으면 칩거를 해야 한다고 말했다. 이 말에는 '창랑의 물이 맑으면 갓 끈을 씻고, 창랑의 물이 흐리면 발을 씻는다'는 말의 의미도 함축되어 있다.

경쟁의 정수와 꼼수

5. 경쟁은 수 싸움이다

타인과의 경쟁에서 이기기 위해서는 먼저 자기와의 경쟁을 통해 타인과의 경쟁에서 이길 수 있는 역량을 길러야 한다. 여기서 자기와의 경쟁에서 이긴다는 것은 나태하고 게으른 자기를 이기는 것을 의미한다. 대부분 자기와의 경쟁은 자아와 또 다른 자아와의 경쟁, 하고 싶은 마음과 하기 싫은 마음과의 경쟁 등 서로 상반된 두 마음이 경쟁하는 것을 의미한다. 그래서 자기와의 경쟁은 이성적인 자기와 감정적인 자기와의 싸움이다. 인간의 심리적인 갈등이나 근심, 걱정 역시 이성과 감정의 경쟁이다. 통상적으로 인간을 생각하는 존재라고 해서 온전히 이성적인 인간이라고 생각하는 것은 착각이다. 왜냐하면 이성과 감정이 싸우면 언제든지 감정이 이기기 때문이다. 여기서 이성적으로 생각한다는 것은 사회적 통념에 따라 비교적 올바른 선택과 결정에 의해 보다 합리적으로 생각해서 행동하는 것을 의미한다. 이에 반해, 감정적으로 행동한다는 것은 주어진 여건과 상황을 고려하지 않고 자기 기분에 따라 즉흥적으로 행동하는 것을 의미한다. 그렇다고 해서 이성적으로 행동하는 것이 반드시 좋은 결과를 자아내는 것은 아니다. 때로는 감정적으로 행동하는 것이 오히려 좋은 결과를 자아내는 경우도 있다. 그럼에도 불구하고 경쟁에 임할 때에는 이성적으로 생각해서 올바른 선택과 결정에 따라 행동하는 것이 유리하다. 아울러, 타인과의 경쟁에서 이기기 위해서도 기본적으로 이성적으로 생각하고 행동하는 영역을 넓혀야 한다. 왜냐하면 자기와의 경쟁은 단순히 자기 마음의 갈등에서 빚어지는 경쟁인 데 반해, 타인과의 경쟁은 상대방이 취하는 행동과 주어진 여건에 맞게 행동해야 하는 경쟁이기 때문이다.

한편, 이성적인 생각에도 감정적인 생각이 들어 있고, 감정적인 생각에도 이성적인 생각이 들어 있다. 그래서 이성적인 생각으로 행동을 했다는 말의 의미에는 감정적인 생각도 들어 있지만 이성적인 생각이 더 많이 들어 있다고 볼 수 있다. 그렇다면, 이성적인 행동인지 감정적인 행동인지는 어떻게 알 수 있을까? 그것은 어떠한 자극에 대해서 어떤 반응을 보이는가를 보면 알 수 있는데 감정적인 사람은 자극과 반응과의 시간적인 거리가 짧다. 왜냐하면 그런 사람은 자극을 받으면 생각하지 않고 즉흥적으로 행동하기 때문이다. 이에 반해, 이성적인 사람은 자극과 반응의 시간적인 거리가 비교적 길다. 마치 장기를 둘 때 자기가 두면 상대방이 어디에 둘 것인지를 미리 예측하고 두듯이 상대방이 자기의 자극에 어떤 반응을 보일지에 대해 생각하고 또다시 상대방의 자극에 자기가 어떤 반응을 보일지를 생각해서 행동하기 때문이다. 그런 관점에서 볼 때 타인과 경쟁한다는 것은 서로 자극과 반응의 수 싸움을 하는 것이라고 할 수 있다.

자기가 상대방을 대하는 말과 행동은 상대방이 자기를 대하는 말과 행동이다. 즉 자기의 말과 행동이 상대방에게 자극을 주고 그에 기인하여 행동하게 되며, 그 행동이 자기를 자극하고 반응하게 하는 단초가 된다. 그러므로 경쟁을 할 때는 가능한 한 이성적으로 생각해서 행동하는 것이 실익이 크다.

6. 부드러움이 강함을 이긴다

집단생활을 하다 보면 승부욕이 유달리 강한 사람을 접하는 경우가 있다. 대화를 하더라도 상대방이 불안해할 정도로 무조건 들이대고, 자기와 이해관계가 전혀 없는데도 사사건건 중간에 끼어들어 상대방이 난감할 정도로 무지막지하게 대드는 사람도 있다. 무슨 일을 하든 자기가 중심이 되어 주도적으로 행하는 그런 사람을 속칭 싸움꾼 혹은 전투적인 사람이라고 말한다. 그런 경향을 보이는 사람들은 어릴 적 성장 과정에서 싸워서 이겨야 한다는 의식이 몸에 박혀 있다. 특히, 형제와의 경쟁에서 이겨야 부모의 사랑을 독차지한다고 생각했던 사람이나 늘 남과 비교하면서 자란 사람이 그런 성향을 보인다. 또, 과거 싸움에 패배하여 크게 나락으로 떨어져 본 경험이 있는 사람일수록 그런 기질이 강하다. 정글의 법칙을 유난히 일찍 깨달은 그런 사람들은 세상이 치열한 경쟁 속에서 돌아가고 있다고 생각한다. 또 겉으로는 조화와 상생을 운운하지만 뒤에서는 음모와 권모술수로 약자를 핍박하며 자기의 이득을 취하기에 급급한 사람들이 세상에 많다고 생각한다. 세상이 얼마나 냉혹하고 냉엄한지를 아는 그런 사람들은 자기 방어기제가 매우 강하다. '여자가 한을 품으면 오뉴월에도 찬 서리가 내린다'는 말이 있는데 그런 사람의 내면에는 한이 담겨 있다. 그래서 그 한을 풀기 위해 공격적인 투쟁을 마다하지 않는다.

일반적으로 사람의 기질은 어릴 적 가정 교육을 어떻게 받았는가에 따라 각기 다른 성향을 보인다. 유복한 가정에서 태어나 부모의 사랑을 받고 자란 아이와 불우한 가정에서 매일 끼니를 걱정하면서 자란 아이는 성인이 되어 전혀 다른 행동 양상을 보인다. 전자의 경우가 사랑, 양보, 타협, 포용, 배려의 삶을 사는 사람이라면, 후자의 경우는 시기, 질투, 갈등, 경쟁, 다툼의 삶을 사는 사람이다. 흔히 태생이 다르고 근본이 다르다는 말을 하는데 그 말 안에 이미 다름, 차별, 멸시의 의미가 내포되어 있다.

《논어》에 군자화이부동 소인동이불화(君子和而不同 小人同而不和)라는 말이 있다.《감옥으로부터의 사색》의 저자 신영복 교수는 이 말을 군자는 자기와 타자의 차이를 인정하기 때문에 타자를 지배하거나 자기와 동일한 것으로 흡수하려고 하지 않는 데 반해, 소인은 타자를 용납하지 않고 지배하고 흡수하여 동화한다는 의미로 풀이하고 있다. 일반적으로 보통 사람들이 화합을 하지만 같아지지 않으려고 하는 화이부동의 마음으로 생활하는 반면, 싸움닭처럼 행동하는 사람은 같음을 주장하면서도 모든 것이 자기 뜻대로 같아져야 한다는 동이불화의 마음으로 생활한다. 그러므로 싸움닭의 기질을 가진 사람은 자기보다 잘나가는 사람은 모두 적이라고 생각한다는 점을 인지하고 그런 사람과 경쟁을 할 때는 보다 전략적으로 그에 맞는 경쟁의 정수와 꼼수를 병행해서 대응해야 한다.

아울러, 이런 유형의 사람들과 경쟁을 할 때는 첫째, 싸움닭의 기질을 가진 사람이 주도권을 잡도록 옆에서 같은 편이 되어 준다. 둘째, 먼저 친분을 쌓고 자기는 그 사람과 적이 아니라는 것을 알게 한다. 셋째, 그 사람의 기세를 꺾으려고 하기보다는 같은 편이라는 것을 알게 하는 것이 중요하다. 그런 사람일수록 같은 편이라고 생각하면 오히려 잘 챙겨 주는 경향이 있다. 넷째, 은근히 논리적으로 설득하되 모든 선택과 결정의 주도권은 그 사람이 갖도록 하는 등 유능제강(柔能制剛)의 전략으로 유연하고 부드럽게 대한다. 다섯째, 결코 화를 내거나 감정적으로 대하지 않는 것이 매우 중요하다. 왜냐하면 그런 사람은 자기가 패배를 해도 스스로 패배를 시인하지 않고 끝까지 물고 늘어지는 거머리 근성을 지녔기 때문이다.

7. 열등감이 경쟁을 부른다

손자는 《손자병법》에서 군주는 한때의 노여움 때문에 전쟁을 일으켜서는 안 되며, 장수는 한때의 분노 때문에 전쟁을 해서는 안 된다고 말한다. 경쟁도 마찬가지이다. 자기의 개인적인 분노나 원한 때문에 경쟁하는 것은 이성적인 경쟁이 아니라 감정적인 경쟁이라는 점에서 득보다 실이 많다. 특히 자기의 열등감을 해소하거나 극복하기 위해서 나서는 무리한 경쟁은 하지 말아야 한다. 상대가 자기를 우습게 대해서 혹은 자기의 인격을 무시하는 처사로 인해 화가 나서 경쟁을 하겠다고 무모하게 나서는 것은 오히려 더 큰 피해를 입을 가능성이 높다. 일례로, 중국 춘추전국시대에 유비가 관우의 원한을 갚을 요량으로 분노에 차 무리하게 전쟁에 나섰다가 이릉대전에서 대패하고 백제성으로 후퇴해서 목숨까지 잃은 것은 무모한 경쟁의 대표적인 사례이다.

분노와 화는 열등감에서 비롯되는 경우가 태반이다. 사람은 누구나 자기만의 아킬레스건이 있기 마련이다. 그런데 경쟁에 임하는 사람은 상대방이 자신의 아킬레스건을 건드려도 결코 분노하거나 감정적으로 화를 내지 말아야 한다. 열등감은 자기가 남보다 못하다는 것에서 비롯되는 감정이다. 또 다른 사람에 비해 지극히 낮은 수준에 있을 때 생기는 감정이다. 그렇다. 열등하다는 감정이 열등감이다. 그런 열등감에 의해서 경쟁에 나서는 것은 감정적으로 경쟁에 임하는 것이다. 사실 열등감은 자

경쟁의 정수와 꼼수

기 존재감을 찾으려고 하는 욕심에서 비롯된다. 어느 분야에 국한하여 자기가 부족한 점이 많음에도 불구하고 자기는 다른 분야에서 남보다 더 나은 사람이라는 자존감을 가지고 있는 사람은 열등감이 적다. 결과적으로 자기 스스로 자기의 존재를 느끼는 자존감을 높이는 것이 열등감을 해소하는 단초가 된다. 그러므로 다른 사람보다 부족한 점이 많다고 생각하는 사람일수록 자존감을 기르는 데 힘써야 한다. 즉 다른 사람들보다 열등하다고 느끼는 감정을 해소하기 위해 다른 사람과 경쟁할 것이 아니라, 자기 스스로 자존감을 기르는 데 힘써야 한다. 아울러 열등감이 있다면 다른 사람과 경쟁하지 말고 자기가 정한 목표와 경쟁해야 한다. 또 경쟁의 타이틀, 경쟁의 객체, 경쟁의 목표, 경쟁의 기준, 경쟁의 지표에 주력하는 것이 열등감을 줄이는 데 효과가 크다.

경쟁의 본질은 결국 자기와의 싸움이고 자기의 힘에 의해 경쟁의 결괏값이 달라지게 된다. 맹자가 '하늘이 내린 때라도 지형의 유리함만 못하고, 지형이 유리할지라도 조화롭게 단합된 인심만 못하다'고 말을 했듯이 제아무리 여건이나 환경이 자기에게 유리하게 조성되어도 결국 경쟁의 주체가 자기 자신이라는 점에서 경쟁의 본질은 자기와의 싸움에 있다. 그런 관점에서 볼 때 사람을 중심에 두지 않고 목표에 중심을 두는 경쟁이 진정한 경쟁이다. 왜냐하면 사람 중심의 경쟁은 자칫 경쟁으로 인해 경쟁 상대와의 관계가 악화될 우려가 많기 때문이다. 따지고 보면 열등감이 경쟁을 부르기도 하지만 때로는 포기와 좌절을 불러오기도 한다. 그래서 자기는 남보다 못하다는 생각으로 인해 자신감이 떨어지게 되고, 그냥 경쟁을 하지 않고 숨죽여 지내는 것이 오히려 자기를 지키는 것이라고 생각하게 된다. 이처럼 열등감이 오히려 자존감을 낮게 하고 자신감을 떨어뜨려 경쟁에 선뜻 나서지 못하게 하는 단초가 되기도 한다. 이로 인해 원하는 것을 얻지 못하는 아쉬운 마음이 계속해서 쌓이게 되고 결국 그것이 가슴에 한으로 자리하게 된다. 또 원하는 것을 얻지 못하면 그 원하는 마음이 모이고 모여서 자기 가슴속 깊은 곳에 원한으로 자리하게 된다. 그래서 그 원한이 결국에는 복수심으로 변질되어 모든 수단과 방법을 동원하여 이기려고 하는 경쟁을 하게 된다. 그러기에 원한과 열등감에서 비롯되는 경쟁은 가급적이면 하지 말아야 한다. 왜냐하면 그런 경쟁은 결과적으로 사람을 잃고, 경쟁에서 승리한다고 해도 다시금 복수와 원한에 찬 또 다른 경쟁을 유발하기 때문이다.

8. 경쟁 상대가 경쟁의 질이다

　일반적으로 경쟁심이 발동하는 근본적인 원인은 첫째, 생존 본능에 있다. 자원은 부족한 데 이를 차지하려고 하는 사람이 많으면 많을수록 경쟁의 농도는 더욱 심화된다. 그래서 최소한 자기가 살아야 하고 자기와 관련된 사람들도 살아야 하기에 생존을 위해서 경쟁한다. 경쟁을 하지 않으려고 하는 사람도 자기와 부양 가족들의 기본 생존권이 위협 받으면 결국 경쟁에 나선다. 둘째, 욕망과 욕구를 충족하고자 하는 마음에 있다. 현재보다 더 나은 것, 지금보다 더 좋은 것, 현재보다 더 높은 곳, 기존 것보다 더 세련되고 더 귀한 것을 추구하려는 마음에 있다. 그래서 자기가 추구하는 욕구나 욕망을 추구하려는 사람이 많으면 많을수록 더욱 치열하게 경쟁한다. 셋째, 시기와 질투, 그리고 미움과 증오에 있다. 부자를 시기하고, 자기보다 잘난 사람을 질투하며, 특히 자기가 특별히 미워하고 증오하는 사람에게 반드시 복수하려는 마음에 있다. 이러한 유형의 경쟁은 앞서 언급했던 인정받고 싶고, 자기를 더욱 과시하고 싶은 욕구나 욕망에서 비롯되는 경쟁과 다르다. 그런 관점에서 볼 때 욕구와 욕망을 채우려는 마음에서 생기는 경쟁은 어느 정도 제고의 여지가 있지만, 시기와 질투 그리고 원한과 증오로 인해 생기는 경쟁은 제고의 가치가 없는 경쟁이다. 넷째, 심리적인 불안과 미래에 대한 근심 걱정에 있다. 대부분 현실에 대한 불만과 미래에 대한 불안으로 인해, 경쟁하지 않으면 자기의 존재 가치가 없다고 생각해서 경쟁에 나선다. 그래서 기꺼이 삶의 무대를 즐겨도 전혀 문제가 되지 않는 상황임에도 불구하고 자기 스스로 불평불만을 하고 병적으로 불안한 모습을 보이는 사람이 주로 이런 경쟁을 한다. 다섯째, 본질적으로 모든 것을 이분법적으로 생각하거나 흑백의 관점에서 보는 성격에 있다. 이런 성격을 지닌 사람이 보통 사람에 비해 경쟁의식이 강하다. 또 이런 유형의 사람은 무엇을 하든 자기가 꼭 이겨야 하고 지는 것을 스스로 인정하지 않는 성정을 지녔다.

앞서 언급한 바와 같이, 경쟁의 사전적인 정의는 둘 이상의 사람이나 집단이 무언가를 놓고 겨루는 것을 말하는데, 대부분의 경쟁은 제한된 자원을 가진 환경에 공존하는 생물 사이에서 자연스럽게 일어난다. 짐승들은 한 군집 내에 같이 살고 있는 다른 종 또는 같은 종 사이에서 물, 먹잇감, 짝짓기 대상 등의 자원이 부족할 때, 사람들은 부, 명예, 권력 등을 두고 개체들이 자원을 서로 차지하려고 경쟁한다. 이처럼 경쟁은 부족에서 비롯되는 경우가 많다. 이론적으로 볼 때 자원이 풍족하고 풍부하면 굳이 경쟁을 할 필요가 없다. 또 환경과 자원 등 주어진 여건이 서로 다투지 않아도 충분히 서로의 욕구를 부족함 없이 해결할 수 있다면 그 역시도 경쟁을 할 필요가 없다. 하지만 욕구나 욕망을 채우려고 하는데 그것을 채우지 못하게 하는 대상이 있으면 그것이 곧바로 경쟁의 대상이 된다. 이때 중요한 것은 경쟁 대상을 명확하게 정의하는 것이다. 돈이 없는 사람이 부자를 경쟁자로 삼는다면 이는 올바른 경쟁자를 선정한 것이 아니다. 돈이 없는 사람의 경쟁자는 부자가 아니라 돈을 벌지 못하는 자기 자신이고 돈을 무분별하게 낭비하고 소비하는 자기 자신이다. 아울러 돈이 없는 사람에게 부자는 롤 모델이고 벤치마킹의 대상이지 경쟁의 대상자가 아니다.

어떠한 대상을 경쟁자로 삼는 것과 롤 모델로 삼는 것은 크게 다르다. 경쟁자는 싸우고 다퉈야 하는 대상이지만 롤 모델은 본보기가 되고 희망과 꿈을 주는 대상이다. 한편으로 생각하면 경쟁의 대상이 있다는 것은 스트레스를 주는 대상이 생겼다는 의미를 내포하고 있다. 왜냐하면 경쟁의 대상에 대해 온전히 신경을 써야 하고 경쟁 과정에 대해 생각하고 궁리해야 하기 때문이다. 그래서 경쟁자는 삶에 활력을 주고 늘 깨어 있게 하는 대상이 되기도 하지만 스트레스를 주는 주범이 되기도 한다. 더군다나 악연으로 맺어진 경쟁자라면 감정적인 분노나 화를 일으키는 원인이 되기도 한다. 그러므로 경쟁의 대상이나 경쟁자를 선정할 때에는 가급적 자기에게 긍정적인 영향을 주는 대상을 선정하는 것이 바람직하다. 만약의 경우 악연으로 인해 피치 못하게 경쟁을 해야 하는 상대라면 그 악연의 경쟁자를 자기 수련의 대상이자 자기의 지속적인 성장과 진화에 꼭 필요한 존재라고 생각하는 것이 타당하다. 그 악연의 경쟁자가 자기가 성장하는 모멘텀을 제공하고 그 경쟁자로 인해 늘 깨어 있는 마음으로 변화와 혁신을 강행하고 있다면 좋은 경쟁자이다. 그래서 경쟁이나 경쟁자는 양날의 칼이다. 경우에 따라서는 선한 영향력을 주기도 하고 또 다른 경우에는 악한 영향력을 주기 때문이다. 또 어떤 경우에는 삶에 활력을 주기도 하고, 어떤 경우에는 삶을 피폐하게 하는 원인이 된다.

9. 마음이 선하면 경쟁도 선하다

인간은 야누스처럼 두 개의 얼굴을 가졌다. 그래서 주어진 상황과 여건에 따라 두 개의 얼굴 중 생존 본능에 입각하여 자기에게 유리하도록 모습을 달리한다. 즉 두 개의 얼굴 중 어떤 얼굴이 자기에게 유리할지를 판단해서 유리한 얼굴로 산다. 이 두 얼굴이라는 말에는 두 마음이라는 의미가 내포되어 있다. 엄밀하게 말하면, 인간은 두 얼굴이 아니라 두 마음으로 산다. 사랑하는 마음과 미워하는 마음, 착한 마음과 악한 마음, 기쁜 마음과 슬픈 마음 등 두 마음 중 하나의 마음을 선택해서 주어진 상황과 여건에 맞게 마음을 표출한다. 경우에 따라서는 주어진 상황과 여건에 따라 두 개의 마음 중 하나를 선택해서 밖으로 표출하기도 하고, 자기의 의지와는 전혀 무관하게 아무런 생각 없이 무심코 두 개의 마음 중 하나의 마음을 밖으로 드러낸다. 그런데 이성적인 상황에서는 두 개의 마음 중 하나의 마음을 선택해서 밖으로 드러내지만, 감정적인 상황에서는 두 개의 마음 중 하나의 마음을 자기도 모르게 본능적으로 밖으로 드러낸다. 그래서 행동을 한다는 것은 두 개의 마음 중 하나의 마음이 행동에 실린 것이라고 할 수 있다.

경쟁에도 이와 마찬가지의 메커니즘이 작용한다. 즉 두 가지 마음 중 어떤 마음으로 경쟁에 임할 것인가에 따라 경쟁에 임하는 행동이 달라지게 된다. 선한 마음으로 경쟁에 임하면 선한 행동에 기인하여 선하게 경쟁하고, 악한 마음으로 경쟁에 임하면 악한 행동에 기인하여 악하게 경쟁한다. 그러므로 경쟁을 할 때는 선악의 마음이 아닌 경쟁의 본질에 충실한 경쟁을 해야 한다. 즉 사람 중심의 경쟁이 아니라 업무와 성과 중심의 경쟁을 해야 한다. 그런데 경쟁을 한다는 것 자체에 이미 욕구를 충족하려는 사람의 마음이 실린 탓에 누가 더 많은 성과를 내고 누가 더 높은 자리를 차지하는가에 따른 경쟁을 하기보다는 경쟁자를 이겨야 한다는 사람 중심의 경쟁을 한다. 그것은 두 마음이 갈라진 것을 의미한다. 하지만 가장 이상적인 경쟁은 두 마음이 일치를 이루는 경쟁이다. 이 두 마음을 하나로 엮는 끈이 바로 정의이고 공정이며 상식이고 기준과 원칙이다. 그래서 정의로운 경쟁, 공정한 경쟁, 상식적인 경쟁, 기준과 원칙에 입각한 경쟁은 경쟁의 가치가 매우 높은 경쟁이다. 이러한 경쟁의 결과에 대해서는 누구도 이의를 제기하지 않는다. 하지만 앞서 말한 네 가지 요건을 갖춘 경쟁 중 그 어느 하나라도 만족하지 않는 경쟁의 결과에는 이의 제기가 있을 수밖에 없다. 또 두 마음이 따로 나눠졌다는 것은 경쟁에서 패배할 수도 있다는 마음이 함께 하는 불안한 경쟁이다. 두 개의 마음이 하나로 일치를 이루지 않은 상태에서의 경쟁은 승리를 보장받을 수 없다. 그러므로 두 개의 마음을 하나로 모은 연후에 온전히 경쟁에 임해야 한다. 그 두 마음을 하나로 묶어 주는 것이 바로 간절함이다. 경쟁에서 승리하기 위한 간절함의 농도가 진하면 진할수록 경쟁에서 승리할 확률이 높다. 만약, 간절함을 가질 수 없다면, 마음을 비워야 한다. 여기서 마음을 비운다는 의미는 두 마음 자체가 비워지는 것을 의미한다. 즉, 경쟁에서 승리를 하겠다는 욕심이나, 경쟁에서 패배할지도 모른다는 불안한 마음 없이, 오로지 마음을 비우고 경쟁에 임하는 것이다. 마음을 비우면 몸에 힘이 들어가지 않아 자기가 가진 능력을 최대한 발휘할 수 있다. 그런 마음으로 올곧게 경쟁에 임하는 사람이 참다운 경쟁을 하는 사람이고, 그러한 경쟁이 좋은 결과를 자아낸다.

10. 불안과 두려움은 경쟁의 씨앗이다

일반적으로 생활이 안정되고 별다른 욕구나 욕심이 없이 평온하게 사는 사람은 경쟁을 하지 않는다. 이에 반해 현재 자기 위치가 불안정한 상태여서 확실하게 자기 자리를 굳건하게 해야 한다고 생각하는 사람들은 기꺼이 경쟁에 임한다. 생존에 대한 두려움에 기인하여 변화와 혁신을 거듭하는 것도 결국은 미래가 두렵기 때문이다. 자기가 도태될지도 모른다는 두려움, 경쟁을 하지 않으면 살아남을 수 없다는 두려움, 경쟁에서 밀리면 더 이상 설 자리가 없을지도 모른다는 두려움 때문에 경쟁에 나선다. 또 경쟁에서 패배하는 고통보다 현실에 안주하는 것이 더 고통스럽다는 생각 때문에 경쟁에 나선다. 경쟁에서 이긴다는 보장이 없어도 그런 유형의 사람들이 경쟁을 마다하지 않는 이유는 그렇게 하지 않으면 스스로 자멸할 것 같은 두려운 생각이 들기 때문이다. 또 경쟁을 하다 보면 막연하게 두렵다고 생각했던 것들이 사라지고, 잘 대응하면 자기다운 삶을 살 수도 있다는 실낱같은 희망이 생기기 때문이다. 어떨 때는 자기의 불안과 두려움에서 경쟁을 했는데 막상 경쟁을 하면서는 설상가상으로 경쟁 상대에 대한 두려움이 생기는 경우도 있다. 상대방으로 인해 자기가 다칠지도 모른다는 두려움, 상대방에게 자칫 짓밟힐지도 모른다는 두려움, 상대방의 힘에 맥없이 무너질지도 모른다는 두려움, 상대방이 자기 자리를 빼앗아 갈지도 모른다는 두려움 때문에 더욱 기를 쓰고 경쟁에 나선다. 그런 두려움을 안고 경쟁에서 승리하기 위해서는 가장 기본적으로 자신감을 회복하는 것이 중요하다.

불안과 두려움을 안고 경쟁에 임하는 것은 패배를 부를 뿐이다. 하지만 상대방이 두렵고 자기 마음이 불안해도 경쟁에 임할 때는 상대방에게 그런 면모를 보이지 않아야 한다. 즉 가진 것이 일천하고 설령 자신감이 없다고 해도 결코 약한 모습을 보이지 않는 것이 바람직하다. 또 능히 자기는 경쟁 상대를 이길 수 있으며 주변 상황이나 주어진 여건이 자기에게 유리하게 작용할 것이라는 믿음과 당당한 태도로 경쟁에 임해야 그나마 경쟁에서 이길 확률이 높다. 아울러 경쟁 상대로 하여금 자기와 경쟁을 하는 것을 두렵게 생각하도록 하는 전략을 구사하는 것이 좋다. 또 경쟁 상대 입장에서 볼 때 경쟁에서 이겨도 이로울 것이 없으며, 친구나 아군은 아니어도 최소한 자기를 적으로 삼아서는 안 되는 사람이라는 인식을 심어 주어야 한다. 또 경쟁을 하기 전에는 몰랐는데 경쟁을 하면 할수록 자기가 두려운 존재라는 것을 은근히 느끼게 하는 것도 필요하다.

사실 경쟁의 승패는 개인이 보유한 역량에 의해 결정되기보다는 자기를 포함한 주변 여건과 상황에 의해 결정되기도 한다. 일대일 경쟁이라고 해서 단순히 자기 혼자만의 힘으로 경쟁하는 것이 아니다. 주변 상황과 여건 그리고 자기 주변 사람들도 경쟁의 결과에 미치는 영향이 크다. 그러므로 경쟁 상대와 비교하여 자기의 힘이 턱없이 부족해도 겉으로 티를 내지 말아야 한다. 아울러 주변 상황이나 여건을 자기에게 유리하게 조성해야 하고, 주변 사람들을 자기편으로 만들어야 한다. 그렇게 다수의 힘으로 경쟁 상대와 대적할 수 있는 여건을 조성한다면 비록 자기에게 힘이 없어도 능히 경쟁에서 이길 수 있을 것이다.

경쟁의 정수와 꼼수

11. 경쟁하면 자기가 보인다

남과 경쟁을 해 보지 않으면 자기 수준이 객관적으로 어느 정도인지를 정확하게 알 수 없다. 그런데 경쟁을 해 보면 자기가 못하는 것이 무엇이고 잘하는 것이 무엇인지를 알게 된다. 그래서 단순히 목표를 세우고 그 목표를 달성하기 위해 노력하는 사람보다 목표를 세우고 그 목표에 버금가는 경쟁자와 경쟁하는 사람의 실행력이 더 강하다. 왜냐하면 자기 혼자 목표를 향해 달려가는 사람은 심신의 컨디션에 따라 자기와 타협하지만, 경쟁자를 보면서 달리는 사람은 포기하고 싶어도 경쟁자를 생각하면서 이를 악물고 목표를 향해 박차를 가하기 때문이다. 그런 관점에서 보면 경쟁자가 채찍이 되고 회초리 역할을 하는 것이라고 할 수 있다.

일반적으로 사람은 다른 사람이 자기가 하는 행동을 지켜보고 있다고 생각하면 더욱 분발하거나 평소보다 더 잘하려는 경향을 보인다. 경쟁자가 바로 그러한 역할을 해 준다. 그래서 경쟁자는 자기 성장의 페이스메이커이자 지친 마음에 경각심을 심어 주는 자극제이다. 비근한 예로 공부를 잘하는 학생이 공부를 잘하는 학생과 함께 공부하고, 돈이 많은 사람이 돈이 많은 사람과 자주 어울리는 것이 이를 방증한다. 그런 관점에서 보면 경쟁자는 경쟁자이기 이전에 자기 성장에 불필요한 요소를 제거해 주는 자기 성장의 롤 모델이고, 오늘보다 더 나은 미래를 여는 힘을 길러주는 동반자이다. 물론 경쟁자는 자기보다 수준이 높아야 하고, 모든 면에서 자기가 배울 점이 많은 것을 보유한 사람이어야 한다.

경쟁에서 승리하면 승리할수록 더 강하고 더 큰 경쟁 상대와 경쟁하게 되는 것이 경쟁의 속성 중 하나이다. 이는 마치 화를 건드리면 건드릴수록 더 커지게 마련인 것과 같은 이치인데 경쟁도 마찬가지로 하면 할수록 내공이나 내성이 강하게 단련되어 더 강한 상대와 경쟁을 하게 된다. 마치 먹이 사슬 피라미드 아래에서 경쟁해서 승리하면 더 높은 곳에 이르게 되는 것처럼, 위로 올라가면 올라갈수록 더 강한 상대와 경쟁해야 한다. 또 경쟁의 속성상 단 한 번의 경쟁으로 모든 경쟁이 끝나는 것이 아니라 지속된다는 점에서 경쟁에서 승리했을 때에는 이기는 법을 배우고, 패배했을 때에는 지지 않는 방법을 배우는 것이 매우 중요하다. 또 경쟁을 하면 할수록 경쟁 전략도 계속 진화해야 한다. 동일한 방법으로 경쟁하면서 더 강한 상대와 대적해서 이길 것이라고 기대하는 것은 어리석은 처사이다. 또 과거에 특별한 전략으로 경쟁자를 이겼기에 다른 경쟁자와 경쟁을 할 때도 전과 동일한 전략을 사용하는 것은 패배를 자처하는 길이다. 그러므로 경쟁 상대에 따라 변칙적으로 맞춤형 전략을 사용하는 것이 바람직하다. 즉 상황과 여건에 따라 혹은 경쟁 상대에 따라 맞춤형으로 구사하되, 간헐적으로 기존에 자주 활용했던 전략과 혼용해서 경쟁해야 상대방에게 혼란을 주면서 자기가 원하는 페이스로 경쟁의 주도권을 잡을 수 있다. 여기서 간과하지 말아야 하는 사실 중 하나는 높은 곳에 오른 사람들은 낮은 곳에서 높은 곳에 오르려는 사람들이 걷고 있는 경쟁 과정을 온전히 경험했다는 점이다. 즉 높은 곳에 오른 사람은 낮은 곳에서 자기의 자리를 넘보는 사람이 어떤 전략과 어떤 마음으로 경쟁을 하는지를 어느 정도 예측한 상태에서 경쟁에 임한다. 그러므로 강한 상대와 경쟁을 할 때에는 더욱 신중하게 접근해야 하고, 승패를 결정짓는 결정적인 때가 도래할 때까지 자세를 낮추어야 하며, 어리석음을 가장하는 가치부전(假痴不癲)의 전략을 구사하는 것이 좋다. 왜냐하면 상대방이 자기와 경쟁을 한다는 것을 알면 선제공격으로 자기의 힘을 무력화시키기 때문이다. 그러므로, 상대방과 대적할 수 있는 힘을 갖추지 못한 상태에서는 결코 경거망동하지 않는 것이 그나마 현재 상태를 유지할 수 있는 비결이다.

12. 경쟁하면 과거를 이긴다

경쟁을 하는 이유 중 하나는 과거로 회귀하지 않기 위해서인 경우도 있다. 즉 힘들었던 과거, 어려웠던 과거, 암울했던 과거, 비참했던 과거, 남보기에 창피했던 과거 등 과거로 다시금 돌아가지 않기 위해 경쟁을 하는 경우도 있다. 잘나가던 사람이 예상치 못한 사건 사고로 인해 인생의 밑바닥으로 떨어진 경험이 있거나, 남 보기에 부러울 것이 없는 자리에서 경쟁에 패하여 누추한 자리에 앉게 된 경험이 있는 사람은 더욱 그러하다. 그래서 평소에도 행여 또다시 과거를 답습할 위험은 없는지, 자기 자리를 노리는 사람은 없는지, 혹여 자기가 자만하거나 방심하고 있는 것은 아닌지를 늘 생각하면서 경계를 늦추지 않는다. 자라보고 놀란 가슴 솥뚜껑 보고 놀란다는 말이 있듯이 조금이라도 자기 자리를 넘보는 사람이 있다는 징후를 발견하면 수단과 방법을 가리지 않고 그 사람을 제거하는 데 총력을 다한다. 왜냐하면 그 경쟁자에게 밀리면 과거와 같은 생활을 답습하게 된다는 것을 몸으로 느꼈기 때문이다. 불에 덴 적이 있는 아이는 불을 싫어하고 물에 빠져 죽을 고비를 넘긴 사람은 물만 보면 트라우마가 생기기 마련이다. 마찬가지로 과거 경쟁에서 패하여 인간 이하의 수모를 겪은 적이 있는 사람은 결코 동일한 실수를 반복하지 않기 위해 자기의 아성을 견고하게 하는 데 주력한다. 또, 다시금 패배하지 않기 위해서 자기가 무엇을 준비하고 어떻게 대비해야 하는가를 잘 알기 때문에 결코 방심하지 않는다. 그런 유형의 사람들이 하는 경쟁은 대부분 공격적인 경쟁이 아니라 수비적인 경쟁이다. 마치 성문을 굳게 닫고 적이 공격해도 성 밖으로 나가지 않는 것처럼 자기의 성을 철옹성으로 만드는 수비적인 경쟁을 한다.

손자는 《손자병법》에서 아군의 병력이 적보다 열 배가 많으면 포위하고, 다섯 배가 많으면 공격하며, 두 배가 많을 때에는 전략적으로 적을 분산시켜서 공략하라고 말한다. 또 적의 병력과 동등하면 맞서 싸우고, 적보다 적으면 피하며, 모든 조건에서 불리하면 과감히 철수해야 한다고 말한다. 또 철옹성을 공격하는 것은 그만큼 많은 준비가 필요하고 공격해서 이길 확률이 더 없이 낮으므로 신중을 기해야 한다고 말한다. 왜냐하면 성을 공격해서 승리를 한다고 해도 자기의 피해가 크기 때문이다. 그러므로 수비적으로 경쟁하는 사람을 대적할 때에는 그 사람의 수비 능력을 배우는 데 초점을 두어야 한다. 결코 그 사람과 섣불리 경쟁하지 말라는 말이다. 모든 것을 완벽하게 갖추고 자기만의 성을 견고하게 쌓은 상태에서 적이 오기를 기다리는 사람과 경쟁하면 자기가 예상보다 큰 피해를 입게 된다.

참고로, 전혀 좋은 자리에 가 본 적도 없고, 풍족하게 돈을 써 본 적이 없는 사람은 경쟁으로 인해 얻어지는 돈과 자리가 얼마나 포근한 꽃방석인지를 모른다. 그래서 어렵고 힘든 상황이 닥치면 쉽게 포기하지만, 목표물을 봤거나 꽃방석에 앉아 본 경험이 있는 사람은 중도에 결코 포기하지 않는다. 또 경쟁의 결과로 인해 얻어지는 이익을 맛본 적이 있거나 경쟁에서 패배하여 어렵고 힘든 상황을 경험한 적이 있는 사람은 경쟁에 임하는 자세가 남다르다. 특히 과거에 경쟁에서 패배하여 나락으로 떨어져 본 사람일수록 더욱 그러하다. 산이 높으면 골이 깊듯이 어렵고 힘든 나락으로 떨어진 깊이만큼 높이 오른다. 즉 높이 오른 사람은 그에 상응하는 높이에 해당하는 만큼 바닥을 친 경험이 있는 사람이다. 그렇다고 해서 높이 오르기 위해 일부러 바닥을 칠 필요는 없다. 또 젊어서 고생은 사서도 한다고 해서 일부러 고생을 사서 할 필요는 없다. 중요한 것은 과거로 후퇴하지 않고 보다 나은 미래를 향해 끊임없이 전진하는 것이다.

13. 세대별 경쟁에는 답이 없다

사람은 태어나서 죽음에 이르는 동안 유아기, 청년기, 장년기, 노년기를 거친다. 인생의 황금기라고 하는 청년기를 넘어서면 누구나 예외 없이 장년기와 노년기에 이르게 된다. 제아무리 열정이 넘치고 육체적으로 힘이 강성해도 세월이 흐르면 노년에 이르러 약해지기 마련이다. 흔히 나이는 숫자에 불과하다고 말을 하지만, 나이는 단순히 숫자에 불과한 것이 아니라 모든 것을 약해지게 한다. 그러기에 경쟁도 나이에 따라 그 유형을 달리해야 한다.

철없는 유년기에는 가장 기본적으로 자기가 가진 것을 빼앗기지 않으려는 경쟁을 한다. 그러다 청년기에 이르면 자기가 원하는 목표를 달성하기 위한 경쟁에 나선다. 그래서 남보다 앞서기 위해 열정을 다하고, 보다 높은 목표를 달성하기 위해 남과 경쟁한다. 그러다 노년기에 접어들면 남과의 경쟁보다는 자기를 돌아보며 자기와의 경쟁을 주로 한다.

일반적으로 한 시대를 사는 무리에는 단순히 유년기, 청년기, 노년기 등 모든 세대가 각각 따로 사는 것이 아니라 한곳에 어우러져 산다. 그래서 세대별 갈등이 상존하고 알게 모르게 세대별 경쟁이 치열하게 벌어지고 있다. 청년 세대는 노년 세대에 대한 불만을 토로하고, 노년 세대는 청년 세대에 대한 불만을 토로한다. 이러한 세대별 갈등은 시대가 변해도 늘 상존해 왔다. 세대 간 갈등이 없고 조화와 균형을 잘 이루고 있다는 조직도 유심히 그 속내를 들여다보면 겉으로 드러나지 않는 세대별 갈등이 곳곳에 상존해 있다는 것을 발견하게 된다. 젊은 사람들은 나이 든 사람을 '꼰대'라고 말하고, 나이 든 사람들은 요즘 젊은 사람들은 철이 없거나 예의가 없다는 말로 불평불만을 토로한다. 또 조직에서 요직을 차지하거나 주도권을 잡을 요량으로 세대 간 경쟁을 한다. 젊은 사람들은 나이 든 사람들이 세상이 변하는 속도를 따라잡지 못하고 과거를 답습하며 시대적으로 뒤쳐진다고 불평하고, 나이 든 사람들은 젊은 사람들은 거시적으로 판세를 읽지 못하고 당장 눈앞에 보이는 미시적인 것에 무모하게 시간을 낭비한다고 불평한다. 객관적으로 볼 때 양쪽 주장이 맞을 수도 있고 틀릴 수도 있다. 또 맞다 틀리다라는 평가는 어디에 중점을 두고 어떤 관점으로 보는가에 따라 각각의 평가와 해석이 달라질 수밖에 없다. 그렇다. 변화하는 시대적인 환경에 발 빠르게 적응하기 위해서는 젊은 사람들이 필요하고, 거시적이고 광역적인 안목으로 핵심과 본질에 집중하기 위해서는 나이 든 사람의 통찰력이 필요하게 마련이다. 모든 것이 일장일단이다. 단 주어진 여건과 상황에 따라 어느 세대가 더 유리한가가 다를 뿐이다. 그러기에 조직이 지속 성장과 진화를 거듭하기 위해서는 세대 간 조화와 균형을 이뤄야 한다. 그런 관점에서 볼 때, 경쟁에서 하지 말아야 하는 경쟁 중 하나는 세대 간 경쟁이다. 특히 나이 든 사람이 젊은 사람을 상대로 육체적인 힘을 겨루는 경쟁은 금해야 하고, 젊은 사람은 나이 든 사람을 상대로 지혜나 통찰력을 겨루는 경쟁을 금해야 한다. 그렇지 않고 나이 든 사람의 경우 경쟁에서 무리하게 이기기 위해 힘을 쓰다 보면 신체적 부작용으로 인해 더 큰 것을 잃게 된다. 또, 젊은 사람의 경우에는 나이 든 사람들의 지혜나 통찰력을 빌려 쓰지 않고 젊은 혈기만으로 모든 일을 처리하다 보면 어처구니없는 상황에 처할 수도 있다. 그러므로 젊은 사람은 나이 든 사람의 경험 지식을 배우고, 나이 든 사람은 젊은 사람의 열정을 배우는 자세로 생활해야 한다.

세대 간 경쟁 중 가장 빈번한 경쟁은 젊은 사람들의 새로운 시대적인 여건과 상황에 맞게 새롭게 거듭나야 한다는 것에서 빚어지는 경쟁과, 나이 든 사람들의 기득권을 내려놓지 않으려고 하는 것에서 빚어지는 경쟁이다. 그래서 젊은 사람들은 나이 든 사람이 기득권을 내려놓고 뒤로 물러나야 한다고 말하고, 나이 든 사람들은 젊은 사람들은 앞을 내다보지 않고 근시안적으로 업무를 처리하기에 높은 자리에 오를 수 없다고 말한다. 실제로 젊은 사람과 업무를 해보면 젊은 사람들은 일은 열정적으로 하는데 하지 말아야 하는 일인지 중요한 일인지, 또 무슨 일이 긴급한지를 따지지 않고 무작정 열정적으로 행하는 경향이 많다. 또 나이 든 사람의 조언이나 가르침을 듣고 업무를 처리하려고 하기보다는 자기 마음대로 하려는 경향이 있다. 반면에 나이 든 사람들은 다소 열정이 부족하지만 별달리 실익이 없고 중요하지 않은 일은 하지 않는 등 일의 핵심과 맥을 알고 업무를 행한다. 그런 관점에서 보면 젊은 사람들은 나이 든 사람들의 지혜를 빌려 써야 하고, 나이 든 사람들은 젊은 사람의 열정을 빌려 써야 한다. 결과적으로 세대 간에 서로의 장단점을 보완하면서 조화와 균형을 이뤄야 좋은 결과를 자아낼 수 있다. 그러기에 세대별 경쟁은 가급적 피해야 한다.

세월의 흐름에 의해 모든 것은 자연적으로 변하게 되어있다. 그래서 서로가 서로의 약점을 공략하고 서로가 자기의 강점을 부각시키는 세대 간 경쟁은 끝도 없고 명확하게 결론을 낼 수 없는 무한대의 시간이 걸리는 경쟁이다. 그런 경쟁을 종식시킬 수 있는 유일한 키(Key)는 세월이다. 또 경쟁의 결과 역시 최종적으로 세월이 평가한다. 즉 세대교체가 적기에 이뤄진 것인지 아니면 시기가 적절하지 못한 것인지도 세월이 지나야 정확한 판단이 가능하다. 그런 관점에서 볼 때 세대 간 경쟁은 하지 말아야 하고, 세월의 흐름과 자연의 순리에 맞춰 조화와 균형을 이루며 사는 것이 상책이다. 아울러 세대 간 조화와 균형을 이루기 위해서는 젊은 사람은 나이 든 사람을 존경해야 하고, 나이 든 사람은 젊은 사람을 포용할 줄 알아야 한다. 서로 아껴주고 존경하며, 부족한 점은 서로 채워 주고 장점은 서로 칭찬해 주는 그런 마음으로 상보 관계를 유지해야 한다.

끝으로, 서열을 중시하는 한국 사회에서는 나이가 적은 젊은 세대가 나이 많은 노년 세대에게 대들고 예의에서 벗어난 행동을 하는 것을 용납하지 않는다. 그러므로, 젊은 세대는 나이 많은 사람과의 갈등이 있다면 자기의 행실을 먼저 돌아보고 올바르고 적법한 절차에 의해 정당하게 경쟁해야 한다. 아울러, 나이 많은 사람은 나이가 적은 젊은 사람과 경쟁을 할 때 나이 많은 사람으로서 자기의 역할과 책임을 다했는지를 돌아보고, 자기의 행동에 그릇됨이 없다면 정해진 규칙과 원칙에 따라 젊은 사람과 당당하게 경쟁해야 하며, 그 결과에 순순히 승복하는 모습을 보여야 한다.

14. 경쟁은 자본의 전쟁이다

경쟁의 최종 목적은 행복에 있다. 또 미래의 불안과 두려움을 주는 요소를 미리 제거하는 예방 차원에서 경쟁을 한다. 그런데 아이러니한 것은 객관적으로 볼 때 능히 풍족한 생활을 하는 것처럼 보이는 사람이 경쟁을 하고, 경쟁을 하지 않아도 아쉬울 것이 전혀 없어 보이는 사람이 경쟁을 한다는 점이다. 그렇게 보면 경쟁은 생활수준과 지위, 그리고 행복지수와 전혀 무관하다는 생각이 든다. 결과적으로 자연인의 삶이 아닌이상 우리는 누군가와 경쟁을 해야 한다. 또 경우에 따라서는 집단생활의 안정을 유지하기 위해 집단적으로 경쟁을 해야 한다.

개인적으로 경쟁하든 집단적으로 경쟁을 하든 간에 경쟁의 목표는 권력과 부를 확보하는 것에 있다. 그러므로 경쟁에서 승리하기 위해서는어느 정도 권력과 부가 확보되어야 한다. 즉 펌프로 물을 퍼 올리기 위해마중물이 필요하듯 경쟁에서 승리할 요량이면 어느 정도 부와 권력을 보유하고 있어야 한다. 그렇지 않고 부와 권력이 전무한 상태에서 경쟁에임하는 것은 패배를 불러올 확률이 높다. 그것은 무기 없이 맨몸으로 전쟁터에 나가는 것과 같다. 또 권력과 부를 갖추지 않고 경쟁에 임하면 마음의 여유가 없을 뿐 아니라 경쟁 상대의 전략에 끌려갈 공산이 크다.

권력의 힘을 빌리면 경쟁의 판을 바꿀 수 있고, 경쟁의 판을 바꿀 수 있을 정도의 자본이 있으면 그 자본을 활용하여 자기에게 유리하도록 판을 짤 수가 있다. 만약 권력과 부가 갖춰지지 않았다면 최소한 자기 주변 사람들의 권력과 부를 지원받아 경쟁에 임할 정도의 대인관계 역량을 길러야 한다. 그렇지 않고 기울어진 운동장에서 경쟁하기에 불공정한 경쟁이라고 말을 하거나 금수저로 태어난 사람과 경쟁해야 하기에 부당하다고 말하는 사람은 세상 물정을 전혀 모르는 경쟁의 문외한이다. 사실, 기울어진 운동장에서 경쟁을 하든 금수저와 경쟁을 하든 간에 경쟁의 원리는 동일하고 그 이치는 같다. 그러므로 그러한 불공정과 불평등은 스스로 감수하고 경쟁에 임해야 한다. 그리고 필요하다면 기울어진 운동장을 다시 자기에게 유리한 쪽으로 기울게 하면 된다. 어떻게 보면 그 자체가 경쟁이다.

자본주의 시대의 경쟁은 자본의 경쟁이다. 제아무리 물리적인 힘이 강하다고 해도 자본의 힘을 갖추지 못하면 그 힘을 온전히 쓸 수 없다. 반면에 자본이 많으면 자기가 부족한 힘을 다른 사람의 힘으로 대체할 수 있다. 한마디로 자본으로 살 수 있는 것은 자본으로 대체하면 된다.

대부분 경쟁에서 패하는 근본적인 원인은 자본의 부족에 있다. 또 권력의 부재로 인해 다 잡은 승기를 놓치게 되는 경우도 허다하다. 그러므로 경제력과 권력이 뒷받침되지 않으면 어설프게 함부로 경쟁에 뛰어들지 말아야 한다. 또 경쟁에서 승리해도 유무형의 금전적인 이익이 없다면 경쟁을 하지 않는 것이 상책이다.

참고로, 직장에서 승진하면 월급이 오르는 것처럼 경쟁에서 승리하면 유무형의 상금을 부상으로 받아서 자본이 증가하기에 경쟁을 한다. 또 프로 선수의 등급을 몸값으로 매기고 모든 스포츠 시합에 상금이 있다는 것을 생각하면 경쟁을 통해 얻고자 하는 궁극적인 핵심 요소는 바로 자본이다. 그래서 21세기의 경쟁은 자본의 경쟁이고 부의 경쟁이며 금전의 경쟁이다. 물론 자본보다 명예를 중시하는 사람의 경우에는 굳이 자본을 챙기려고 하지는 않는다. 하지만 명예 또한 보이지 않는 무형의 자본이고, 미래에 자본으로 환산 가능한 잠재적인 자본임에는 틀림없다.

15. 경쟁 그 자체가 삶이다

경쟁을 하지 않으려고 해도 경쟁의 프레임에 가두는 직장, 경쟁이 없으면 조직이 살아 있는 조직이 아니라 죽은 조직이라고 생각하는 경영자 등 오늘날의 사회는 온통 경쟁의 프레임에 사람들을 가두려고 한다. 그래서 경쟁을 하지 않으려고 해도 경쟁을 하지 않으면 그 집단에서 살아남을 수 없기에 살아남기 위해 경쟁을 해야만 하는 사회가 됐다. 또 이제는 경쟁을 하지 않으면 진화와 성장은 물론 존재 자체가 흔들리는 시대이다.

오늘날 대부분의 사람들은 자기가 경쟁을 하지 않으려고 해도 주변 사람들 모두가 경쟁의 구도 속에서 살아가고 있기에 자기 역시 어쩔 수 없이 경쟁을 할 수밖에 없는 사회 속에 살고 있다. 성적 경쟁, 서열 경쟁, 여당과 야당의 경쟁, 승진 경쟁, 분양 경쟁, 마케팅 경쟁 등 우리네 사회 전반의 모든 것이 경쟁과 맞물려 돌아가고 있다. 아니, 경쟁의 축에 의해 세상이 돌아가는 것이 아니라 아예 우리가 서 있는 곳 자체가 경쟁의 판이고 경쟁의 무대이다. 누구와 경쟁을 하고 어디에서 어떤 사람과 경쟁하며, 보이는 경쟁인가 보이지 않는 경쟁인가의 여부가 다를 뿐 경쟁의 홍수 속에 우리는 살고 있다. 어떻게 보면 인생은 고통이라고 하는 것도 경쟁으로 인해 고통이 양산되기 때문에 그러한 것은 아닌가 하는 생각이 든다. 그런데 타인과 경쟁하지 않고 자기 홀로 자연 속에서 지내는 사람은 인생은 고통이라고 이야기하지 않는다. 산속에서 자연인으로 사는 사람들은 이구동성으로 예전에 미처 몰랐던 행복을 찾았다고 말하면서 이제는 더 이상 그런 행복을 놓치고 싶지 않다고 말한다. 그리고 보면 경쟁을 하지 않고 자기 홀로 자유롭게 사는 것이 인생 최대의 행복은 아닌가 하는 생각이 든다.

더불어 함께 상생하며 동반 성장을 해야 한다는 말은 단순히 교과서적인 모범 답안일 뿐이다. 그런 말을 하는 당사자도 겉으로는 그런 말을 하지만 실제로는 치열한 경쟁을 하고 있다. 마치 호수 위에 떠 있는 백조가 평화로워 보이지만 물속에서 발을 쉼 없이 움직이듯이 동반 성장과 ESG 경영, 기업 시민 활동, 사회 봉사 활동 등을 외치고 있지만 그것마저 경쟁의 테마로 삼아 누가 더 잘하는지 치열하게 경쟁하고 있다. 또 경쟁의 영역과 크기도 점점 넓어지고 세분화되고 있으며, 국경을 초월하여 경쟁한다. 또, 이해관계가 전혀 없는 사람은 이상형이나 롤 모델이라고 말을 하면서, 조금이라도 이해관계가 있으면 누구라도 경쟁자로 삼아 경쟁하는 사회환경 속에서 우리는 살아가고 있다. 또 경쟁을 하지 않고 착하게 자기 일만 열심히 하면서 혈혈단신으로 살고 싶은 사람도 일단 무리에 속하고 조직의 일원이 되면 자연스럽게 경쟁 시스템에 의해 다른 사람과 경쟁하면서 살아가고 있다. 흔히 직장에서 자주 쓰는 승진, 인사 고과, 보직 이동, 전직, 포상, 징계 등의 인사 노무 관련 용어는 경쟁의 결과에서 빚어지는 단어이다. 경쟁에서 이긴 사람은 승진하고 보다 좋은 보직을 부여하는 형태로 직장의 경쟁 시스템이 돌아가고 있다. 여기에 더하여 경쟁에서 우수한 실적을 낸 사람에게는 포상하고 경쟁에서 낙오된 사람은 한직으로 물러나는 형태로 돌아가고 있다. 이러한 경쟁 시스템과 원리가 바로 경쟁의 제도이고 규칙이며 기준이다. 아울러 결코 간과하지 말아야 하는 사실은 그 경쟁 시스템을 구성하는 제도와 규칙과 기준을 수립하는 사람이 최고의 실력자이자, 가장 큰 영향력을 가진 경쟁의 승자라는 점이다. 즉 경쟁에서 이긴 자가 경쟁 시스템을 만들고 약자들로 하여금 그 시스템 안에서 서로 치열하게 경쟁을 하도록 하고 있다. 인류 역사가 전쟁의 역사라고 하는 말의 의미를 곱씹어 보지 않아도 마치 올림픽 신기록이 계속 진화하여 새로 써지듯이 오늘날 인류의 역사도 경쟁에서 승리한 사람에 의해서 계속 새롭게 써지고 있다.

16. 경쟁에는 룰이 있다

경쟁에는 성문화되거나 불문화된 일정한 룰이 있다. 그러므로 경쟁을 하고자 한다면 제일 우선적으로 경쟁의 룰을 아는 것이 매우 중요하다. 필요하다면 그 룰이 생성된 배경과 그 룰에 숨겨져 있는 히스토리를 아는 것도 매우 중요하다. 즉, 그 룰이 왜 생겼으며, 그 룰로 인해 얻고자 하는 것이 무엇이고, 그 룰은 누가 언제 만들었는지를 알아야 한다. 아울러 그 룰이 갖고 있는 장단점도 알아야 한다. 어떠한 룰이든 완벽할 수 없으며, 허점이 있기 마련이다. 또, 경찰 열 명이 도둑 한 명 잡기 어렵다는 말이 있듯이 룰만으로 모든 것을 통제하거나 감독을 할 수는 없다. 또 그 룰이 전부 준수해야 하는 룰인지 아니면 간헐적으로 지키지 않아도 아무런 제재가 없는지 등 룰에 따른 예외 사항도 알아야 한다.

앞서 경쟁의 룰을 알아야 한다는 말의 의미에는 그 룰을 준수했을 때와 준수하지 않을 때 주변 사람들에게 미치는 여파와 주변 상황 변화를 미리 예측해 봐야 한다는 의미가 담겨 있다. 그래서 그에 따라 자기가 뭘 준비하고 어떻게 해야 하는 것이 좋은가를 아는 것도 필요하다. 아울러 필요하다면 경쟁의 룰을 자기에게 유리하도록 변경하는 것도 필요하다.

손자가 《손자병법》에서 전쟁을 잘하는 사람은 전쟁을 하기 전에 미리 이겨 놓고 싸운다고 했듯이, 경쟁에서 승리하는 비결 중 하나는 경쟁하기 전에 미리 이겨 놓고 경쟁하는 것이다. 미리 이겨 놓은 경쟁은 큰 변수가 없는 한 절대적으로 승리하기 마련이다. 그러기 위해서는 그런 수준에 이르기까지 룰을 자유자재로 다룰 수 있어야 한다. 즉 경쟁의 룰을 자기에게 유리하게 변경할 수 있는 힘을 지녀야 한다.

일반적으로 모든 경쟁에 공통적으로 적용되는 경쟁의 룰은 신의성실의 원칙에 입각하여 경쟁을 하고, 경쟁의 결과에 대해 이의를 제기하지 않으며, 정해진 룰과 원칙에 준하여 경쟁을 하지 않으면 경쟁에서 패한 것으로 간주한다는 룰이다. 위에서 신의 성실 원칙에 입각하여 경쟁을 한다는 것은 공정하고 도덕적이며, 일반 상식에서 벗어나지 않는 경쟁을 의미한다, 또 경쟁의 결과에 대해 한 치 이의를 제기하지 않고 승복한다는 의미가 내포되어 있다. 이상과 같은 룰에 공통적으로 담겨 있는 사상은 한마디로 말해서 경쟁의 룰을 준수해야 참된 경쟁이지, 경쟁의 룰을 준수하지 않으면 참된 경쟁이 아니라는 것이다. 또 룰이 없는 경쟁은 경쟁이 아니라는 의미도 담겨 있다. 그러므로 경쟁을 할 때는 룰에 준하여 경쟁해야 하고, 올바른 경쟁을 하기 위해서는 그 룰을 알아야 하며, 경쟁에서 유리한 고지를 선점하기 위해서는 그 룰을 자기에게 유리하게 할 수 있는 역량을 지녀야 한다. 만약의 경우, 경쟁의 룰이 자기에게 불리하다면 상호 동등한 선에서 경쟁할 수 있도록 룰을 변경한 후에 경쟁에 임해야 한다. 그렇지 않고 시작부터 마치 기울어진 운동장에서 경쟁하는 것처럼 자기에게 불리한 룰에 준하여 경쟁하는 것은 득보다 실이 많다. 그래서 경쟁의 승률을 높이기 위해서는 경쟁의 룰이 수립된 배경과 룰의 허점 등 룰과 직간접적으로 연관된 모든 히스토리를 세세하게 파악하여 이에 대응해야 한다. 또 불공정한 룰을 공정한 룰로 변경할 수 없다면, 불공정한 룰이 공정한 룰과 같은 작용을 하도록 경쟁의 환경을 바꿔 줘야 한다.

17. 경쟁이 경쟁을 부른다

경쟁에 전혀 관심이 없고 경쟁하는 것을 그리 좋아하지 않는 사람도 주변에서 지인이 경쟁해서 좋은 성과를 내면 자신도 경쟁의 판에 뛰어드는 경향을 보인다. 마치 자기와 절친한 사람이 주식에 투자해서 대박이 나면 자기도 주식에 손을 대듯이 자기와 친한 사람이 경쟁을 해서 좋은 결과를 얻는 것을 보고 자기도 따라서 경쟁하려는 경향이 있다.

경쟁을 좋아하는 사람들의 공통점 중 하나는 달성하고자 하는 목표가 매우 명확하고 뚜렷하다는 점이다. 그래서 하나의 목표를 달성하면 또다른 목표를 설정하듯이 하나의 경쟁에서 승리하면 그 경쟁에서 승리한 경험을 토대로 전보다 더 강한 경쟁 상대를 선정해서 경쟁한다. 이처럼 경쟁을 하는 사람으로 인해 경쟁을 하지 않는 사람이 경쟁의 판에 뛰어들고 경쟁에서 승리한 사람이 더 강한 상대와 경쟁을 하는 등 경쟁의 파급효과는 매우 크다.

과거 농경 사회에서는 단순히 자기 주변 사람들과 경쟁을 했다면 오늘날의 경쟁은 지구촌에 있는 모든 사람이 경쟁의 대상이 됐을 정도로 경쟁의 영역 또한 넓어졌다. 또 이제는 경쟁을 하지 않으면 생존 자체가 위협받는 시대가 됐다. 그럼에도 불구하고 남과 경쟁하지 않고 나 홀로 자급자족하며 자유롭게 사는 사람도 있다. 하지만 그런 사람도 어떤 형태로든 경쟁의 무대에 이미 몸을 담고 있다고 보면 된다. 이처럼 우리는 자기의 자유를 침해당하지 않기 위해, 혹은 자기의 정당한 권리를 유지하기 위해 필연적으로 경쟁을 할 수밖에 없는 사회 속에서 살아가고 있다.

대부분 경쟁을 하지 않는 사람들은 자기 혼자 열심히 살면 문제가 없다고 생각한다. 또 다른 사람에게 피해를 주지 않고 자기에게 주어진 일을 정성을 다해 최선을 다하면 자기에게는 아무런 문제가 발생하지 않는다고 생각하는 사람들이 대부분이다. 간혹 그런 사람들이 난처한 상황에 처하는 경우가 있다. 그 사람들은 남에게 한 치의 피해를 주지 않고 살아왔는데 어찌하여 그런 난처한 상황에 처한 것일까? 그것은 바로 경쟁해야 살아남는다는 세상 물정 모르는 삶에서 빚어진 당연한 결과이다. 물론 자기가 직접 경쟁하지 않고도 안정된 생활을 할 수 있는 방법도 있다. 그 방법은 자기의 생존과 직결된 경쟁 무대에 자기 대신 다른 사람이 경쟁하도록 하는 것이다. 또 경쟁을 잘하는 강자에게 빌붙어 경쟁을 하지 않고도 오롯이 경쟁의 승리를 맛볼 수도 있다. 그러기 위해서는 누가 경쟁에서 승리하고 자기를 지켜 줄 강자는 누구인지를 파악하여 그 사람과 친밀한 관계를 유지해야 한다.

경쟁을 해야 경쟁 사회에서 살아남고, 경쟁하지 않으면 강자의 먹잇감이 될 수밖에 없다는 말에는 경쟁을 통해 생존 방식을 배워야 한다는 의미와 최소한 자기의 생존권을 지킬 수 있는 방어 기술을 익혀야 한다는 의미가 내포되어 있다. 그렇지 않고, 경쟁을 하지 않는 사람은 언제든 결정적인 상황에서 생존이 걸린 문제로 경쟁하다가 그간 쌓아 온 모든 것을 한꺼번에 잃어버릴 위험을 상시 안고 있다고 보면 된다. 그러므로 자기가 다른 사람과 경쟁하는 것을 좋아하든 싫어하든 간에 최소한 자기의 생존권이 위협받지 않을 정도의 경쟁에 대한 기술을 알고 있어야 한다.

경쟁의 정수와 꼼수

밀림에 사는 동물들은 새끼를 낳으면 사냥 기술과 싸움 기술을 가르친다. 마찬가지로 사람도 일정 기간 의무교육이라는 명목으로 사회생활에 필요한 기본 지식을 쌓고, 그러한 과정에서 자기의 생존을 위해 기본적으로 익혀야 하는 경쟁의 기술을 배우고 익힌다. 한마디로 말해서 의무교육 과정에서 기본기를 익히고 집단생활을 하면서 서열 경쟁의식과 생존 경쟁의식을 몸에 익힌다. 그런데 성적에 의한 서열의 경쟁 기술만 배운 사람은 생존을 위한 경쟁의 기술을 터득하지 못하는 경우가 많다. 그렇다. 학식이 깊다고 해서 경쟁의 기술에도 능한 것은 아니다. 현실에서는 학식이 낮아도 경쟁의 기술이 뛰어난 사람이 학식이 높은 사람보다 서열에서 우위를 차지하는 경우가 더 많다. 그렇다. 장기적으로 볼 때 학식을 쌓는 데 집중하는 것보다 경쟁의 기술을 터득하는 것이 실익이 더 크다. 왜냐하면 앞서 말했듯이 제아무리 학식을 많이 쌓아도 경쟁에서 패하면 서열에서 우위를 차지할 수 없기 때문이다.

18. 경쟁의 고수는 경쟁하지 않는다

　모든 전문가도 처음에는 모두가 초보였던 것처럼 경쟁의 고수도 과거에는 경쟁의 하수였다. 즉 경쟁의 고수가 되기 위해서는 경쟁의 하수 단계를 필연적으로 거쳐야 한다. 그렇다면 경쟁의 고수와 하수를 구별하는 기준은 무엇일까? 경쟁에서 승률이 높은 사람이 경쟁의 고수일까 아니면 강한 경쟁자와 경쟁하는 사람이 경쟁의 고수일까? 아니면 경쟁의 경험이 많은 사람이 경쟁의 고수일까?

　일반적으로 우리는 경험이 풍부하거나 특정 분야의 전문가나 특별한 경지에 오른 사람을 고수라고 칭한다. 하지만 진정한 경쟁의 고수는 경쟁을 하지 않으면서도 경쟁자를 이기는 사람이다. 나아가 그보다 더 높은 경지의 고수는 타인과 경쟁하지 않고 자기 자신과 경쟁하는 사람이다. 즉 타인과 경쟁하는 사람은 경쟁에 관한 전문적인 기술을 보유하고 있거나, 경쟁의 경험이 아무리 많아도 경쟁의 하수이다.

　앞서 말한 바와 같이, 경쟁의 고수가 되기 위해서는 필연적으로 경쟁의 하수 단계를 거쳐야 한다. 간혹 경쟁의 하수 단계를 밟지 않고 자기 스스로 경쟁의 이치를 깨달아 경쟁의 고수가 되는 경우도 있다. 또 자기와 경쟁하는 경쟁의 고수라도 타인과 경쟁하는 경쟁의 하수 과정을 답습하는 경우도 있다. 하지만 자기와 경쟁하면서 타인과도 경쟁한다면 그 사람은 진정한 경쟁의 고수가 아니다. 또 세상 물정 모르고 경쟁의 이치를 알지 못한 상태에서 온전히 자기와 경쟁을 하는 사람 또한 진정한 경쟁의 고수가 아니다. 진정한 경쟁의 고수는 경쟁의 하수가 하는 움직임을 미리 예측하고, 경쟁의 하수가 보지 못하거나 알지 못하는 것을 미리 아는 사람이다. 또 경쟁의 하수의 마음속에 무슨 마음이 담겨 있고, 경쟁의 흐름이 어떻게 진행될 것인가를 미리 아는 사람이다. 바둑을 둘 때 바둑이 어떻게 진행될 것이라는 것을 내다보는 사람이 고수이다. 이와 마찬가지로 경쟁의 수를 많이 내다보는 사람이 진정한 경쟁의 고수이다. 한마디로 말해서 선견지명의 지혜를 가진 사람이 경쟁의 고수이다.

그런 사람들은 공통적으로 다음 아래의 7가지 특성을 보이는 경향이 있다. 첫째, 여유가 있고 결코 서두르지 않는다. 앞서 현재 상황으로 미뤄 볼 때 향후 어떤 일이 벌어질지를 미리 알고 있기 때문에 그다지 크게 당황하지 않고 여유 있는 태도로 경쟁 상대를 대한다. 둘째, 무조건 상대방을 칭찬한다. 한편으로 생각하면 그러한 태도가 경쟁 상대를 우습게 본다고 오해를 살 수도 있지만 결코 경쟁 상대를 가볍게 대하지 않으면서 경쟁 상대가 기분 나쁘게 생각하지 않도록 진심으로 정성을 다해 칭찬한다. 셋째, 겸손한 태도를 보인다. 능력이 뛰어나서 자칫 자만한 태도를 보이는 경향도 없진 않지만 결코 그것을 내색하지 않고 상대방보다 낮은 자리에 거한다. 여기서 겸손하다는 의미는 상대방을 존중해준다는 의미를 담고 있다. 넷째, 배우고 익히는 자세를 취한다. 배우고 익히는 것이 습관화된 사람이 고수인데 그런 고수는 상대방의 강점을 타산지석의 교훈으로 삼고 단점을 반면교사의 지혜로 삼아 자기를 단련한다. 다섯째, 자기 자신이 고수라고 생각하지 않는다. 실제로 실력이 출중한 사람은 자기의 실력이 출중하다는 것을 결코 자랑하지 않으며 다른 사람들이 고수라고 해도 자기는 고수가 아니라 배울 것이 많은 부족한 사람이라는 생각을 갖고 생활한다. 여섯째, 본질을 추구하고 핵심을 본다. 한마디로 말해서 통찰력이 뛰어나다. 그렇다. 고수에게는 하수의 눈에 보이지 않는 것을 보는 눈이 있다. 또 주어진 상황과 변화 등을 보면서 그 바탕에 깔린 본질과 핵심이 무엇인지를 볼 수 있는 혜안을 지녔다. 마지막으로, 경쟁의 고수는 결코 서두르지 않는 반면 신속하게 행동해야 하는 시점이라고 생각하면 전광석화처럼 일을 처리한다.

19. 갈등과 불신이 경쟁을 부른다

더불어 함께 사는 세상에 서로 사랑하며 살면 최상인데 사노라면 갈등이 생기게 마련이다. 제아무리 사랑의 농도가 진한 사이라도 시간이 지나면 서로 다투고 급기야 이별을 고하는 경우도 있다. 사랑하기 때문에 미워하고 증오한다는 역설적인 말로 미움과 증오를 사랑으로 회화하기도 하지만 그런 말은 모순이다. 그런데 하물며 증오하고 시기하고 질투하는 사람과의 갈등 관계를 경쟁 관계로 착각하는 경우도 있는데 엄밀하게 말해서 이 두 관계는 다르다. 갈등 관계가 서로를 미워하고 증오하는 감정 상태에서 생기는 감정적인 관계라면 상대를 이기거나 상대에게 지지 않기 위한 경쟁 관계는 이성적인 관계이다. 즉 시기하고 미워하는 감정으로 인해 상대방보다 더 잘해야 하고 상대방에게 지지 않아야 하며, 상대방을 무너트려야 한다는 생각으로 하는 경쟁은 경쟁이 아니라 '한풀이'이다. 물론 경쟁 과정에서 시기와 질투 혹은 증오가 생기기도 하지만 갈등으로 인해 빚어진 상대방과의 경쟁은 엄밀하게 보면 일반적인 경쟁과 속성이 다르다.

일반적으로 경쟁은 서로가 서로의 성장과 진화에 긍정적인 영향을 주지만 갈등으로 인한 경쟁은 서로에게 부정적인 영향을 줄 뿐이다. 상대방이 무너지기를 바라고, 같은 공간에서 함께 숨을 쉬고 있는 것조차도 용납하지 않는 그러한 갈등 관계 선상에 있는 사람들은 틈만 나면 상대방을 험담한다.

일반적으로 갈등으로 인한 경쟁은 경쟁의 승패가 결정되어도 그 결정된 승패로 인해 또 다른 갈등의 경쟁을 하게 하는 빌미를 제공한다. 또 경쟁이 거듭될수록 더욱더 갈등의 골이 깊게 되고 결국에는 쌍방이 모든 힘을 소진할 때까지 경쟁하게 된다. 그러므로 갈등이 있다면 경쟁을 할 것이 아니라 갈등으로 인해 묶어진 관계의 끈을 과감하게 절단하고 새롭게 좋은 관계를 형성한 연후에 경쟁을 하는 것이 바람직하다.

공자는 《논어》에서 자기가 높은 곳에 오르지 못한 것을 돌아봐야 하고, 남을 먼저 높은 곳에 이르도록 해야 한다고 했고, 남이 자기를 알아주기를 바라기보다는 자기가 먼저 남을 알아주어야 한다고 말을 했듯이 상대방의 잘남을 시기하고 질투하기에 앞서 자기의 부족분을 채우려고 하는 것이 타인과의 경쟁을 넘어서는 자기와의 경쟁이다.

한편, 불신으로 인해 경쟁을 하게 되는 경우, 서로 불신하고 의심하는 마음이 생기면 관계가 소원해지고 서로가 서로를 헐뜯기도 한다. 또 불신의 마음 안에 있는 미움과 증오로 인해 시기하고 다투기도 한다. 그런 과정에서 자기보다 상대방이 잘하는 것에 대한 시기로 인해 상대방보다 더 잘하고자 하는 마음으로 경쟁하게 되고, 상대방을 험담하고 가짜뉴스를 파생시켜 상대방을 곤경에 처하게 하기도 한다. 대부분 같은 무리에 있는 사람들은 자기와 별달리 친분이 없다는 이유 하나만으로 서로를 의심하고 그것이 불신으로 번져 결국에는 다툼의 경쟁 관계에 이르게 된다. 그런 관점에서 볼 때 경쟁 관계에 있다는 것은 서로가 불신의 관계에 있다는 것을 의미한다. 문제는 불신으로 인해 파생된 경쟁은 서로에게 막대한 피해를 준다는 점이다. 왜냐하면 불신으로 인한 경쟁은 선의의

경쟁의 정수와 꼼수

경쟁이 아니라 악의의 경쟁이기 때문이다.

일반적으로 선의의 경쟁은 경쟁의 결과에 상호 승복하는 태도를 보이지만 악의적인 경쟁은 경쟁의 결과에 승복하지 않는 경향이 있다. 그래서 경쟁의 결과에 상관없이 수단과 방법을 가리지 않고 어느 한쪽이 녹다운되는 단계에 이르기까지 다툰다. 그러므로 가능한 한 서로 불신의 벽이 두터운 사람과는 경쟁을 피하는 것이 상책이다. 아울러, 불신의 관계에 있는 사람과는 조속히 불신의 벽을 허무는 데 초점을 두어야 한다. 그러기 위해서는 자기 마음의 문을 먼저 여는 것이 매우 중요하다. 또 자기 입장을 고수하기보다는 상대방 입장을 먼저 고려하는 태도를 취한다면 시나브로 불신의 벽을 허물 수 있을 것이다.

대부분 경쟁을 하는 사람들이 경쟁에 중점을 둔 나머지, 서로 간의 신뢰에 대한 측면을 생각하지 않는 경향이 있다. 또 경쟁자를 이겨야 한다는 생각과 최소한 지지 않아야 한다는 생각으로 인해, 상대방 입장을 고려하지 않고 모든 것을 자기 위주로 생각하는 경향이 있다. 그래서 시간이 흐를수록 경쟁이 과열되고 자칫하면 경쟁에서 패하는 상황에 처할 것이라는 생각 때문에 스트레스를 받기도 한다. 하지만 경쟁하는 과정에서 상호 신뢰를 쌓아야 한다는 생각으로 경쟁에 임하면 심적인 스트레스 없이 선의의 경쟁에 임할 수 있고, 서로가 상대방 입장에서 상대방을 배려하는 마음으로 경쟁에 임하게 된다. 그로 인해 경쟁의 결과에 깨끗하게 승복하고, 경쟁이 끝난 이후에도 지속적으로 좋은 관계를 유지하게 된다. 간혹, 서로 간에 신뢰가 두텁고 상호 동반성장의 좋은 관계에 있는 사람끼리 선의의 경쟁을 하다가, 악의의 경쟁으로 돌변하는 경우도 있다. 그런 경우는 경쟁 과정에서 서로가 약정한 사항이 깨졌을 때 생기는 경우가 많다. 이 역시도 신뢰의 좋은 관계를 유지하는 데 초점을 두지 않고, 상대방과의 경쟁에서 이겨야 한다는 집착에서 빚어진 것이다. 그러므로 경쟁 과정에서 서로가 오해를 발생시킬 여지는 없는지를 살피고, 서로에게 불신의 마음을 갖게 하는 요소는 없는지를 살펴서 이를 제거하는 데 역점을 두어야 한다. 그렇지 않고 오로지 경쟁에만 몰두하다 보면 서로 신뢰하는 관계 속에서 경쟁하면서도 자기도 모르게 그 점을 망각하고 적대적인 관계라는 생각을 갖게 된다.

참고로, 경쟁 과정에서 상대방과 신뢰가 쌓여 간다는 것을 판단하는 기준은 마음의 상태에 있다. 경쟁 상대와 대적할 때 불안한 마음과 두려움이 엄습한다면 적대적인 관계가 형성된 것이다. 그렇지 않고 경쟁 과정에서 경쟁 상대와 함께 있는 것이 편안함을 주고, 경쟁 상대와 도움을 주고받는 사이라면 선의의 경쟁 과정에 있다고 보면 된다. 그러므로 경쟁을 하면서도 주기적으로 서로의 생각과 정보를 공유할 수 있는 기회를 마련해서 서로의 장단점을 공유해야 한다. 또 상호 협력이 필요한 사항은 협력하고, 서로가 불신의 마음을 들게 하는 오해가 없었는지에 대해 허심탄회하게 대화하는 기회를 자주 갖는 것이 필요하다. 아울러 서로가 잘한 점에 대해서는 칭찬해 주고 부족한 점을 채워 주며, 좋은 경쟁을 하기 위해 서로에게 필요한 것이 무엇인지를 찾아 도움을 주는 것도 필요하다.

20. 경쟁에는 목표가 담겨 있다

경쟁을 하게 되는 근본 원인은 부족과 결핍이다. 자원이 풍부해서 열심히 일을 하지 않아도 먹고 사는 데 전혀 지장이 없다면 힘들게 경쟁하며 살 필요가 없다. 그런데 경쟁하지 않아도 되는 삶의 환경은 이상적이지만 긴장감이 덜해서 삶이 무료하고 밋밋하다. 마치 바닷물이 썩지 않기 위해 소량의 소금이 필요하듯 경쟁은 밋밋한 삶에 활력을 불어넣어 주는 역할을 한다. 굳이 경쟁을 하지 않아도 지극히 평온한 삶을 살 수 있는데 치열하게 경쟁을 해야 하는 이유는 무엇일까? 또 고민하고 고민하며 힘들게 경쟁이라는 사지로 자신을 밀어 넣는 이유는 무엇일까? 그것은 어쩌면 새로운 변화를 추구하고자 하는 자연스러운 인간의 본능에서 비롯되는 것일 수도 있다. 또 경쟁을 하는 것을 지극히 당연하다고 생각하는 것이 그 이유에 대한 지극히 당연한 해답일 수도 있다. 왜냐하면 우리는 경쟁을 하지 않으면 살아갈 수 없는 존재이기 때문이다. 마치 청어의 무리 속에 메기를 넣으면 청어들이 메기에게 잡아먹히지 않기 위해 계속해서 움직이듯이 경쟁을 하게 되면 경쟁자로 인해 혹은 경쟁에서 이겨야 한다는 생각으로 인해 전보다 더 활력 있는 삶을 살게 된다.

경쟁과 목표는 불가분의 관계이다. 즉 목표가 있다는 것은 경쟁을 하게 됐다는 것을 의미하고 경쟁을 하고 있다는 것은 목표를 향해 분전하고 있다는 것을 의미한다. 그래서 목표는 단순히 목표 이상의 가치를 지녔고 경쟁 또한 경쟁 이상의 가치를 창출하는 단어이다. 그렇다고 해서 온전히 경쟁이 좋은 점만 있는 것은 아니다. 경쟁의 흐름 속에서 살다 보면 어느덧 자기가 경쟁을 일삼는 전투적인 사람으로 변화되는 것을 느끼게 된다. 사실 경쟁을 한다는 것은 누군가를 이겨야 한다는 강한 승부욕을 갖고 있다는 것을 의미하기도 한다. 또 싸우고 다투고 경쟁하는 그 자체를 즐기다 보면, 경쟁을 하지 않는 삶을 자기 삶에 큰 의미가 없는 삶으로 치부하는 경우도 생기게 된다. 경쟁을 자기 삶의 최고의 가치로 생각하는 사람일수록 더욱더 그런 경향을 보인다. 그러므로 경쟁 자체에 큰 의미를 두기보다는 온전히 자기의 삶을 행복하게 영위하기 위한 일련의 도구라는 생각으로 경쟁 자체를 즐기는 삶을 살아야 한다. 그런데 경쟁 자체를 즐기는 삶은 또 다른 경쟁을 부르기도 한다. 단 한 번의 경쟁으로 모든 것이 마무리가 되는 일회성의 경쟁이 아니라 경쟁이 경쟁을 부르고 하나의 경쟁의 능선을 넘으면 또 다른 경쟁의 능선을 계속해서 넘어야 하는 것이 우리네 삶이다. 그러한 삶의 연속선상에서 경쟁자를 의식하지 않고 온전히 자기 삶에 치중하는 것이 좋을 수도 있지만 그것은 자칫 오만을 부르는 결과를 초래하기도 한다. 그러므로 내적으로 경쟁을 즐기되 외적으로는 경쟁하지 않는 것처럼 이중적인 태도를 보이는 것도 필요하다. 또 더불어 함께 조화와 상생을 이루는 외적인 삶을 살면서 내적으로는 치열한 삶의 현장에서 살아남기 위한 경쟁의 삶을 사는 것이 주변 사람들과 조화를 이루며 사는 비책이다. 그러므로 경쟁에서 이기고 지는 것에 집착하지 않고 하나를 얻으면 하나를 잃는다는 사실을 바탕에 깔고 경쟁을 하는 것이 경쟁으로 인해 스트레스를 받지 않는 방법 중 하나이다.

오르막길이 있으면 내리막길이 있듯이 사노라면 잘나갈 때가 있고 못

나갈 때도 있게 마련이다. 이와 마찬가지로 경쟁 또한 계속해서 승기를 잡고 승리할 수는 없다. 경우에 따라서는 상대방의 공격을 방어해야 하고, 때로는 거침없이 상대방을 몰아붙여야 하는 상황이 도래하기도 한다. 그러므로 경쟁을 할 때 자기가 공격을 할 때인지 수비를 할 때인지 혹은 자기가 유리한지 불리한지를 아는 것이 매우 중요하다. 그런 혜안은 하루아침에 길러지는 것이 아니다. 많은 경험을 하고 많은 지식을 쌓으면 남이 보지 못하는 것을 볼 수 있는 안목이 생기게 되고, 굳이 생각하지 않아도 직감적으로 상황을 판별하게 되는 능력이 수반되게 된다. 사실 경쟁을 하다 보면 이론적·분석적으로 해결 가능한 일이 많지 않다는 것을 알게 된다. 또 모든 것이 자기가 예측하는 대로 술술 풀리면 좋지만 이해관계가 얽혀 있는 상대방이 있는 경우에는 자기 예측과는 전혀 다른 상황에 처하는 경우가 발생하기도 한다. 그러므로 목표 달성을 향한 여정에서 경쟁을 해야 한다면 더욱더 신중을 기해야 하고 더 많은 재원을 준비해야 한다. 왜냐하면 경쟁의 결과에 따라 목표 달성 여부가 결정되기 때문이다.

21. 경쟁에는 변수가 많다

일상생활이 경쟁 없는 평범한 생활이라면 경쟁하는 생활은 일상생활에서 벗어난 특별한 생활이다. 그래서 경우에 따라 경쟁의 생활을 한다면 일상생활과 다소 다르게 생각하고 행동해야 한다고 생각하기 십상이다. 하지만 삶 자체가 치열한 경쟁의 삶이라고 볼 때 경쟁의 생활 역시 일상생활의 범주에 속한다. 이 말인 즉, 경쟁을 하는 생활이나 일상적으로 하는 생활은 크게 다를 바가 없다는 말이다. 왜냐하면 일상생활 중 우리는 끊임없이 생존을 위한 경쟁을 하고 있기 때문이다. 다만 특정한 사람을 대상으로 경쟁을 한다는 점에서 경쟁의 생활을 일상생활과 구분할 뿐 일상생활이 경쟁 생활이고 경쟁 생활이 일상생활이다. 그런 관점에서 볼 때 경쟁의 생활을 할 때도 일상생활을 하면서 일상에서 벗어나 스트레스를 해소하기 위해 시간적인 여유를 갖듯이 경쟁의 생활에서 벗어나 혼자만의 시간을 보내야 경쟁의 승률을 높이고 활력을 기할 수 있다. 또 경쟁의 생활에서 벗어나 경쟁의 무대 밖에서 경쟁의 판을 객관적으로 바라보는 시간적인 여유를 가져야 한다. 그래서 경쟁의 무대 안에서 보지 못한 것을 세세하게 들여다보고 경쟁의 진행 과정을 냉철하게 분석해 봐야 한다. 또 마치 자동차를 운전하는 사람이 교차로를 건너기 전에 일단 정지하여 좌우를 살피듯이 경쟁의 무대에서 벗어나 자기의 경쟁 과정을 객관적으로 바라볼 수 있어야 한다. 또 자기의 예측대로 경쟁이 진행되고 있는지 또 어떻게 하면 경쟁의 승률을 높

경쟁의 정수와 꼼수

일 수 있는지 등을 모색하는 기회를 가져야 한다. 아울러 경쟁으로 인해 지친 심신의 피로를 달래고 흐트러진 마음을 다잡는 시간을 보내야 한다.

혼자만의 시간을 갖는 고독의 시간은 자기 발전과 자기 성장을 위해 꼭 필요한 시간이다. 계속해서 경쟁에 몰입하여 총력을 기울이는 것이 경쟁의 승률을 높이는 것은 아니다. 왜냐하면 경쟁에 몰입하여 오로지 경쟁만을 하다 보면 주변 환경과 여건이 변화되는 것을 간과하는 우를 범할 수 있기 때문이다. 특히 경쟁의 승산이 높고, 이길 가능성이 확실시되는 경우에는 전광석화처럼 공략하여 승리를 거머쥐어야 한다고 말을 하지만 그런 시점일수록 더욱 신중을 기해야 한다. 또 그럴수록 경쟁의 판에서 벗어나 제3자의 시각으로 지내 온 경쟁 과정을 복기해 보고, 승리가 확실한가를 다시금 돌아봐야 하며, 자칫 경쟁 상대에게 역전의 기회를 안겨 주는 요인은 없는지도 곱씹어 봐야 한다. 대부분 승기를 잡아서 잘 나가던 경쟁의 전세가 경쟁 상대에게 유리한 쪽으로 전개되는 경우가 있는데 그것은 승리를 확신한 나머지 결승선 직전에서 방심했기 때문이다. 이는 마치 결승점을 눈앞에 둔 마라톤 선수가 승리를 확신하고 자축 세리머니를 하다가 뒤에 따라오는 선수에게 따라 잡혀 승리를 놓치는 우를 범하는 형국과 같다. 그러므로 경쟁의 막바지에 다다를수록 고독의 시간을 갖고 다잡은 승기를 놓칠 우려는 없는지 혹은 막판에 경쟁 상대가 자기가 미처 예측하지 못한 숨겨진 비밀 병기로 결정타를 날리는 것은 아닌지를 유심히 관찰할 수 있는 시간적인 여유를 가져야 한다.

앞서 말했듯이 일상에서 벗어나 자기를 돌아보는 고독의 시간은 경쟁의 승산을 높여 주는 시간이자, 자기 성장을 위한 시간이다. 이 말은 열심히 시간 가는 줄 모르게 일하고 경쟁을 하는 것이 능사는 아니라는 말이다. 악보를 연주할 때 쉼표를 적정하게 잘 연주해야 좋은 음악을 연주할 수 있듯이 경쟁을 할 때도 적정한 시간과 적절한 시점에 경쟁에서 벗어나 혼자만의 시간을 보내야 한다. 그래서 평소에 미처 생각하지 못한 것을 창조적으로 생각해 내야 한다.

모든 행동은 생각에서 비롯된다. 경쟁의 승패 역시 생각에서 비롯된다. 또 생각을 하는 것도 습관이다. 대부분 경쟁 과정에 너무 몰입한 나머지 자기와 상대방을 돌아볼 기회를 갖지 못하는 상황이 도래하기도 한다. 자기를 돌아보기 위해 자기 혼자만의 시간을 갖는 것은 생각에 생각을 더하는 고독한 시간이고, 가장 효율적이고 효과적으로 경쟁할 수 있는 방안을 모색하는 시간이며, 지친 심신을 달래고 새로운 활력을 충전하는 시간이다. 그래서 경쟁에서의 일탈은 자기 성장으로 가는 길이고, 과격한 경쟁으로 인해 시나브로 쌓인 스트레스를 해소하는 시간이다.

생각을 해야 그 생각 속에서 새로운 생각이 나오게 되는 것이 생각의 원리이다. 또 생각을 하면 할수록 생각하는 습관이 길러지고 생각의 힘 또한 강해진다. 그러므로 경쟁의 승률을 높일 요량이면 평소 생각을 하는 생활 습관을 기르는 것이 상책이다. 그래야 그 생각하는 습관으로 인해 보다 승률이 높은 생각으로 경쟁에 임할 수 있다.

우리가 흔히 승부욕이 강하다 혹은 무슨 일이든 전투적으로 행한다는 사람의 면면을 살펴보면 무슨 일을 하든 자기가 이겨야 직성이 풀리는 듯이 행동한다. 그런 사람은 천성적으로 누군가와 대결하거나 다투는 것을 좋아한다. 또 자기 방어기제가 매우 강하다. 그런 사람들은 일정 부분 다른 사람이 자기 영역 안에 들어오는 것을 탐탁하게 생각하지 않고, 무슨 일이든 자기가 마음먹은 대로 진행되지 않으면 화를 낸다. 그런 사람은

경쟁의 정수와 꼼수

대부분 경쟁이 습관화된 사람이다. 또 그런 사람은 어쩌면 경쟁을 많이 해서 일상생활 속에서 경쟁적으로 임하는 것이 아니라, 자기의 생존을 위해 무의식적으로 방어기제가 발동하여 경쟁한다고 볼 수 있다.

참고로 경쟁을 습관적으로 하는 사람이 경쟁을 잘하는 이유 중 하나는 경쟁을 했던 경험이 경쟁에서 이길 수 있는 단초가 되기 때문이다. 즉 경쟁을 한 경험이 많아서 어떻게 경쟁해야 하고, 경쟁을 할 때 어떤 전략을 써야 하며, 어떻게 경쟁자를 상대해야 이길 확률이 높은가를 직감적으로 잘 알기 때문이다. 인생의 경험이 풍부하면 그에 따른 지혜가 생긴다고 하는데 경쟁 또한 그러하다. 경쟁을 많이 해 보면 경쟁을 어떻게 해야 할 것인가를 잘 알게 된다.

익히 아는 바와 같이, 시간을 효율적으로 잘 활용하는 사람은 무분별하게 시간을 낭비하지 않는다. 마찬가지로 경쟁을 잘하는 사람은 경쟁에 사용하는 시간을 무분별하게 낭비하지 않고 핵심적으로 꼭 해야 하는 바를 잘 가려서 경쟁에 임한다. 아무 때나 경쟁을 하는 것이 아니라 경쟁을 해야 할 순간에는 경쟁을 하고 그렇지 않을 때에는 일상적인 생활을 한다. 또 경쟁을 잘하는 사람은 공격을 할 때와 수비를 할 때를 잘 안다. 한마디로 말해서 시기적절한 타이밍을 잘 아는 사람이다. 그래서 공격을 해야 할 때는 공격하고 수비를 해야 할 때는 수비를 한다. 사실 경쟁의 승기를 잡았다고 해서 계속해서 승승장구할 수는 없다. 또 상대방에 비해 유리한 위치에 있다고 해서 계속해서 그런 상황이나 여건이 지속되는 것은 아니다. 그렇다 모든 환경과 여건은 시시각각 변한다. 그러므로 그러한 변화에 발맞춰 치고 빠져야 하는 순간을 포착하여 적기 적시에 그에 적합한 생각과 행동을 해야 한다. 그런 사람이 진정으로 경쟁을 잘하는 사람이다.

22. 시기와 질투가 경쟁을 부른다

경쟁자 없이 홀로 잘나가던 사람도 남을 대하는 태도가 좋지 않으면 그런 태도가 다른 사람에게 시기와 질투를 불러일으키고 그로 인하여 없던 경쟁자가 생긴다. 그러므로 다른 사람을 대할 때 공손하고 겸손한 태도를 취해야 한다. 특히 다른 사람들 대비 특별한 재주를 지녔거나 다른 사람의 부러움의 대상이 되는 혁혁한 공적을 가진 사람은 특별히 다른 사람을 대할 때 예를 다해야 한다. 왜냐하면 너무 자만하거나 안하무인격으로 다른 사람을 대하면 그 사람들의 시기와 질투가 경쟁으로 변질되기 때문이다. 그런 관점에서 볼 때 경쟁자를 만들거나 안 생기게 하는 것도 남을 대하는 자기의 태도에 달려 있다고 볼 수 있다.

남을 대하는 태도가 불성실하고 도리에서 벗어난 행동으로 인해 생기는 경쟁자는 선의의 경쟁자라기보다는 치욕과 멸시를 주려는 목적으로 하는 악의적인 경쟁자이다. 또 다른 사람을 배려하지 않고 오로지 자기 자랑으로 일삼는 태도는 자칫 다른 사람을 무시하는 태도로 비춰져 다른 사람의 분노를 유발시키는 원인이 되기도 한다. 그래서 공을 세웠으면 뒤로 물러나야 하고, 잘나갈수록 고개를 숙여야 한다는 말이 대인관계의 철칙으로 통용되고 있다. 그런데 잘나가는 사람은 자기가 이룬 공적은 피나는 노력과 수많은 고통을 인내하며 이룬 공적이라는 점에서 지극히 정당한 공적이라고 생각한다. 그래서 앞으로 더 나은 공적을 달성하기 위해 지속적·열정적으로 진화와 성장을 도모한다고 생각한다. 하지만 다른 사람이 보기에는 그러한 열정이 자랑으로 비쳐질 수 있고, 자신감이 자만으로 비쳐질 수 있으며, 다른 사람을 배려하지 않고 혼자서 빠르게 질주하는 것이 다른 사람을 무시하는 처사로 비쳐질 수 있다. 그래서 그간의 공적을 폄하하고 부러움과 존경보다는 시기와 질투를 하게 되며, 그러한 감정이 악의적인 경쟁심을 불러일으키게 된다. 그러므로 자기만 열심히 하고 자기 스스로 열정을 다해 혼신의 노력을 다한다는 생각보다는 다른 사람과 더불어 함께 한다는 생각으로 다른 사람이 걷는 보폭에 맞출 필요가 있다. 또 자신감이 충만한 행동이 자칫 다른 사람을 무시하는 태도로 비춰질 수 있다는 점을 고려하여, 다른 사람을 대할 때는 비교적 겸손한 태도를 보이는 것이 상책이다. 아울러, 다른 사람이 부러워할 정도의 혁혁한 공을 세웠다면 그 공적을 다른 사람 공으로 돌리고 자기는 뒤로 물러나 몸을 숨기는 것이 상책이다.

일반적으로 사람은 인정의 나르시시즘에 대한 욕구로 인해 잘한 것을 내세워 다른 사람으로부터 부러움을 한 몸에 받고 싶어 한다. 그럼에도 불구하고 자기로 인해 없던 적을 만들고, 없던 경쟁자를 만들지 않기 위해서는 공을 세웠으면 뒤로 물러나 몸을 숨기고, 더욱 겸손한 태도로 타인을 배려하며 양보하는 태도로 다른 사람을 대해야 한다. 특히 직장 생활 등 조직 생활을 하는 사람 중 타의 추종을 불허하는 혁혁한 공을 세워 포상을 받고 초고속 승진을 하는 등 두각을 나타내고 있다면 더욱 처신에 신중을 기해야 한다. 왜냐하면 일반적으로 사람들은 자기가 하면 로맨스이고 남이 하면 불륜이라는 생각을 갖고 있기 때문이다. 또 자기는 이루지 못했는데 그것을 남이 이뤘을 경우에는 부러워도 하지만 남이 잘되는 꼴을 보지 못하고 끌어내리려는 속성을 지녔다. 마치 바구니에 꽃게를 담아 놓은 상태에서 다른 꽃게가 밖으로 나가려고 올라가면 또 다른 꽃게가 끌어내리듯이 남이 자기보다 잘되는 꼴을 보지 못하는 것이 시기와 질투를 하는 사람들의 속성이다.

사촌이 땅을 사면 배가 아프다는 말이 있다. 이처럼 자기와 전혀 무관한 사람이 잘되면 그리 관심을 갖지 않지만 자기와 친분이 있거나 이해관계가 있는 사람이 잘되면 부러움보다 시기하고 질투하며 험담하려는 사람이 더 많다. 그런 사람들은 공통적으로 겉으로는 축하해 주고 기쁨을 함께 나누는 태도를 취하지만 마음 안에는 시기와 질투심이 가득하다고 봐야 한다. 그러므로 결코 자기 자랑을 하지 말아야 하며, 하나의 성과를 이뤘다면 그 공적이 다른 사람의 기억에서 사라질 때까지 몸을 숨기고 침묵을 지켜야 한다. 특히 서열을 중시하는 조직 사회에서는 자기가 이룬 공적을 자랑하면서 열정적으로 행동하는 자신감에 찬 태도가 경우에 따라서는 상사의 영역을 침범하고 선배들을 무시하는 처사로 비춰질 수 있으므로 주의해야 한다. 또 자신감이 충만해서 능동적으로 말하는 태도가 마치 상사나 선배를 가르치려고 한다는 오해를 받을 수 있으므로 특별히 언행에도 주의를 기울여야 한다.

경쟁의 정수와 꼼수

23. 경쟁은 인덕에 약하다

주변 사람들에게 좋은 사람, 괜찮은 사람, 친절한 사람, 겸손한 사람, 예의 바른 사람, 공익을 먼저 생각하는 사람이라는 평판을 받는 사람에게는 악의적인 경쟁자가 생길 확률이 그렇지 않은 사람보다 훨씬 낮다. 왜냐하면 그런 유형의 사람들은 공통적으로 자기의 입장을 고수하기보다는 상대방을 먼저 배려하고 늘 상대방 입장에서 상대방 입맛에 맞는 행동을 하기 때문이다. 그러므로 악의적인 경쟁자가 생기는 것을 줄이고 좋은 경쟁자나 선의의 경쟁자를 늘리기 위해서는 최우선적으로 주변에 좋은 경쟁을 할 수 있는 사람을 많이 모으고, 악의적인 경쟁자가 생길 수 있는 여건을 만들지 않는 것이 상책이다. 이에 대한 가장 좋은 방법은 평소에 주변 사람들에게 인덕을 쌓는 것이다.

공자가 《논어》에서 덕이 있으면 외롭지 않다고 말을 했듯이 인덕이 있는 사람에게는 적이 있을 리 만무하다. 왜냐하면 덕이 있는 사람과 경쟁을 한다는 것 자체만으로 자기의 이미지가 실추되고 덕이 있는 사람 주변에 그를 따르는 사람이 많기 때문이다. 좋은 사람과 어울리면 좋은 사람이 되고, 좋은 사람과 경쟁하면 좋은 사람이 되며, 좋은 사람과 함께 어울리면 자기도 다른 사람에게 좋은 사람으로 인식되는 것이 일반적인 사회적 통념이다. 그래서 꽃향기를 맡고 나비가 모이듯이 덕이 있는 사람의 주변에 사람이 몰린다. 그런데 덕이 있고 인품이 후덕한 사람이 된다는 것은 그리 쉬운 일이 아니다. 타고난 성품이 온화하고, 오랜 기간 절제하고 양보하며 자기보다 남을 먼저 생각하는 이타적인 생활이 습관화되어 있어야 한다. 한편으로 생각하면 눈 뜨고 코를 베어 가는 무한 생존 경쟁의 시대에는 덕이 있는 사람이 오히려 피해를 보는 경우도 많다. 그래서 천성이 선하고 성품이 인자한 사람도 덕성스럽게 보이기보다는 다른 사람이 함부로 대하지 못하도록 때로는 강한 척을 해야 한다. 왜냐하면 간혹 악의적인 경쟁으로 일부러 덕이 있는 사람의 평판에 흠집을 내려고 하는 사람은 늘 호시탐탐 덕이 있는 사람의 흠집을 찾아서 흠을 내려고 하는 경향이 있기 때문이다. 결과적으로 글로벌 무한경쟁의 시대에는 모든 경우에 온화하고 인자한 덕으로 사람들을 대하기보다 때로는 상황에 따라 강직한 모습을 보일 필요가 있다. 한편으로 생각하면 덕이 있다는 것은 한결같이 일관성이 있다는 것을 의미한다. 어떤 사람에게는 덕을 베풀고 어떤 사람에게는 덕을 베풀지 않는 사람은 진정으로 참다운 덕이 있는 사람이 아니라, 자기 편의대로 덕을 빙자하여 실익을 챙기려는 기회주의자이다.

덕행은 타인을 사랑하고 널리 사람들을 복되게 하는 인자한 마음을 가진 사람이 행하는 행동이다. 주변에 사람이 많은 사람들은 실제로 다른 사람과 경쟁하는 것을 꺼린다. 왜냐하면 굳이 경쟁을 하지 않아도 제각각 자기의 인생길을 가면 그만이라고 생각하기 때문이다. 이렇게 주변에 사람이 많은 사람들은 공통적으로 첫째, 남의 말을 잘 들어 주고 남을 칭찬하는 말을 자주 한다. 그래서 다른 사람으로 하여금 나르시시즘을 한껏 느끼게 하고, 상대방의 처지에 진심으로 공감하는 태도를 취한다. 둘째, 자기가 가진 것을 자기보다 더 어려운 사람을 위해 내놓고, 어렵고 힘들게 사는 사람들에게 도움의 손길을 보내는 것을 마다하지 않는다. 셋째, 어렵고 힘든 일을 마다하지 않고 솔선해서 실행하며, 타인의 아픔을 자신의 아픔으로 공감하는 능력이 탁월하다. 그래서 이해관계가 충돌하는 갈등 상황에서도 자기의 손해를 감수하면서까지 타인이 이익 되게 한다. 넷째, 온화한 얼굴빛으로 타인을 대하고 얼굴에 잔잔한 미소를 띠며 사랑 가득한 표정으로 약자를 위해 헌신하고, 경우에 따라 약자를 대변해서 강자에게 대항한다. 또 정의로운 일에는 앞장서 나서고 불의를 보면 참지 못하는 불같은 성격을 지녔다. 그런 사람을 대상으로 경쟁을 하겠다고 나서는 사람은 드물다.

좋은 평판은 단순히 이미지를 좋게 하고 사람을 대하는 태도를 올바르게 한다고 해서 생기는 것은 아니다. 대부분의 사람들은 자기에게 잘해 주는 사람이나 자기를 인정해 주는 사람에게 친밀감을 느낀다. 제아무리 좋은 사람이라고 해도 자기에게 별다른 이익이 없거나 보탬이 되지 않으면 그다지 친밀감을 느끼지 않는다. 그러므로 좋은 평판에 더하여 상대방에게 이익이 되고, 모두가 아닌 각각의 개개인에게 유무형의 이익이 되도록 상대방을 배려하는 것이 좋다. 가장 좋은 방법은 상대방이 어려움에 처했을 때 아낌없이 도움의 손길을 보내는 것이다. 또 애사를 당했을 때 직접 조문을 해서 슬픔을 위로하고 상대방의 고민을 해결해 주는 해결사 역할을 자처한다면 능히 친밀한 관계를 유지하게 될 것이다. 또 상대방을 대할 때 단순히 보통 사람들이 대하는 것처럼 평이하게 대하는 것이 아니라 마치 귀빈을 영접하듯 귀한 사람으로 예우하고 이 세상에서 당신이 가장 소중한 사람이라는 것을 느끼게 해 주는 것이 상대방을 내 편으로 만드는 방법이다.

24. 경쟁은 정치이다

　다른 사람과 경쟁을 한다는 것은 자기가 얻고자 하는 바를 얻기 위한 과정이다. 또 경쟁 과정에서 이겨야 자기가 얻고자 하는 것을 얻는다. 그런데 한편으로 생각하면 경쟁에서 승리한다는 것은 경쟁자를 자기의 영향력이 미치는 영역 안에 담는 것이다. 마치 전쟁에서 승리하면 적국의 영토를 자국의 영토에 편입시키듯이 경쟁에서 승리하면 경쟁자를 자기 영향력이 미치는 영역 안에 담을 수 있다. 문제는 경쟁에서 패배한 사람이 순순히 경쟁에서 승리한 사람에게 진정으로 승복하면 좋은데 대부분 경쟁에서 패배한 사람은 표면적으로는 패배를 시인하지만 속으로는 그렇지 않은 경우가 많다. 그러므로 경쟁에서 승리하는 것도 좋지만 가장 중요한 것은 겉으로 보이는 외적인 승리가 아니라, 경쟁자의 속마음까지 순종하게 하는 내적 승리를 거두어야 한다. 그러기 위해서는 경쟁자의 마음을 얻어야 한다. 그래서 경쟁은 사람의 마음을 얻는 정치와 같다. 경쟁에서 승리해도 경쟁자의 마음을 얻지 못하는 승리는 완전한 승리가 아니다. 그런 관점에서 볼 때 경쟁을 한다는 것은 단순히 경쟁 상대와 자웅을 겨뤄서 승리를 하는 것에 있는 것이 아니라, 경쟁 상대의 마음을 사로잡는 것에 있다.

　단순히 경쟁에서 승리한 것으로는 경쟁 상대가 보유하고 있는 유무형의 자원 중 특정 부분만을 취하는 것이지만 경쟁 상대의 마음까지 얻는다면 경쟁 상대가 보유하고 있는 모든 자원을 자기 것으로 만들 수 있다. 일례로 직장인의 경우 동료와의 승진 경쟁에서 이겼다고 해도 그 동료의 마음을 얻지 못하면 동료와의 협업을 통한 좋은 시너지를 창출할 수 없다. 하지만 동료의 마음까지 얻는다면 동료가 보유하고 있는 업무적인 지식과 노하우 등을 함께 공유하면서 집단 지성의 좋은 시너지를 창출할 수 있다. 이처럼 개인 간의 경쟁은 경쟁 상대의 마음까지 얻는다는 생각을 가지고 경쟁에 임해야 한다. 그런 마음을 가지고 경쟁에 임한다면 경쟁 상대를 함부로 대하지 않게 되고 부당한 방법으로 경쟁을 하지 않게 된다. 또 경쟁 과정에서 경쟁 상대의 마음이 다치지 않도록 상대방을 배려하는 경쟁을 하게 된다. 왜냐하면 경쟁을 마치면 한솥밥을 먹어야 하기 때문이다. 그렇지 않고 경쟁의 승패가 결정되면 관계가 단절된다는 생각을 가지고 경쟁에 임하면 수단과 방법을 총동원하여 오직 경쟁에서 승리하기 위한 것에 몰두하게 된다. 그러다 보면 무리수를 두게 되고, 경쟁 상대와 감정적으로 다투는 상황까지 발생된다. 그러므로 경쟁을 할 때는 본선을 앞둔 팀들이 친선 경기를 하듯이 상대방과 동지 의식을 가지고 경쟁을 해야 한다.

사실, 자기의 장단점에 대한 것과 자기를 어떻게 공략하고 자기의 빈틈이 무엇인지에 대해서 가장 잘 아는 사람이 바로 자기의 경쟁자이다. 그런 경쟁자가 경쟁을 마치고 적으로 돌아선다면 자기에 대한 모든 것이 밖으로 유출될 가능성이 높다. 그러므로 경쟁자를 위해서가 아니라 자기를 위해서라도 경쟁자의 마음을 사로잡는 경쟁을 해야 한다. 또 경쟁 과정에서 경쟁 상대를 매료시킨다는 생각으로 경쟁에 임해야 한다. 아울러 경쟁 상대의 마음이 상하지 않도록 정당하게 경쟁해야 하며, 서로가 경쟁으로 인해 성장하고 발전한다는 느낌이 들도록 경쟁하는 것이 바람직하다. 그렇다고 해서 경쟁 상대를 봐주는 식으로 경쟁을 하는 것은 오히려 경쟁 상대의 자존심에 상처를 남길 수 있으므로 비록 경쟁 상대의 힘이 약하다고 해도 최선을 다해 경쟁에 임해야 한다. 또 경쟁 상대가 비열한 술수를 쓰거나 부정한 행위를 해도 그에 맞대응하기보다는 경쟁의 흐름을 바꿔서 경쟁 상대의 술수가 먹히지 않도록 하는 것도 매우 중요하다.

경쟁에 임하는 모든 사람들은 경쟁에서 자기가 이길 것이라고 생각한다. 비록 경쟁 상대와 비교하여 자기의 실력이 부족해도 경쟁 상대의 실수나 방심을 이용하면 얼마든지 승산이 있다는 생각으로 경쟁에 임한다. 또 사람인 이상 경쟁 상대가 아무리 실력이 뛰어나도 빈틈을 보이기 마련이므로 그 틈을 이용하면 행운의 승리를 거둘 수 있다는 생각으로 경쟁에 임한다. 경쟁에서 십중팔구 패배할 것이라는 생각으로 경쟁에 임하는 사람은 드물다. 그래서 경쟁에서 패배한 사람이 경쟁의 승자에게 승복을 해도 마음까지 가져다 바칠 정도의 아량이 없는지도 모른다. 그럼에도 불구하고 후회 없는 경쟁, 서로에게 마음의 상처를 남기지 않는 경쟁, 서로가 성장하는 경쟁, 서로 배우고 익히는 경쟁, 서로의 장단점을 보완해 주는 경쟁, 승자도 없고 패자도 없는 경쟁, 패자를 배려하고 승자를 축하해 주는 경쟁, 정정당당하고 원리 원칙을 준수하는 경쟁 등이 경쟁 상대의 마음을 사로잡는 경쟁이다. 그런 아름다운 경쟁을 해야 한다.

25. 스포츠 경기는 경쟁의 바이블이다

올림픽이나 월드컵 기간에는 자국의 선수를 응원하고, 국내에서 벌어지는 프로 야구나 프로 축구는 자기가 속한 지역 팀을 응원한다. 간혹 자기 연고지 팀을 응원하지 않고, 자기가 좋아하는 선수가 속한 팀을 응원하는 경우도 있다. 이렇게 응원하는 과정에서 자기가 응원한 팀이 승리하면 카타르시스를 느끼고, 패하면 선수들에게 야유를 보내기도 한다. 이처럼 스포츠 경기를 응원하는 과정에서는 자기 개인의 경쟁에 대한 생각을 하지 않게 된다. 또 같은 팀을 응원하는 사람끼리 한데 어울려 단체 응원을 하기도 한다. 그렇게 응원하는 과정에서는 비록 개인적으로 경쟁의식을 갖고 있더라도 서로 한마음이 된다. 또 그런 과정에서 서로가 하나라는 것을 인식하게 되고, 공동의 관심사를 이야기하는 동지 의식을 갖게 된다. 그런 관점에서 볼 때, 올림픽이나 월드컵은 전 세계적 공통의 관심사로 하나가 되는 지구촌 패밀리 의식을 갖게 하는 단초가 되고, 국내에서 벌이는 프로 축구나 야구 등은 팀이 속해 있는 연고지의 사람들이 공동체 의식을 갖게 하는 단초가 된다. 또 이런 스포츠 경기가 사람들 개개인의 내면에 잠재된 경쟁심을 희석시키는 역할을 한다. 이러한 현상은 사회적으로 볼 때 매우 긍정적인 효과가 크다. 왜냐하면 개인에게 내재된 경쟁심이 강하면 무모하고 무리한 경쟁으로 인해 사회적인 혼란이 야기될 수 있기 때문이다. 또 과열된 경쟁으로 인해 수단과 방법을 가리지 않고 부정한 경쟁을 함으로써 조직의 위계질서 자체가 깨지는 원인을 제공하기도 한다.

중국 춘추전국시대 등 국가 간에 영토를 확장하기 위한 전쟁이 많았을 때에는 개인 간의 경쟁보다는 국가 간에 벌어지는 전쟁이 각 개인의 사활을 결정하기도 했다. 그런데 아이러니하게도 그러한 전쟁 상황에서도 정국의 주도권을 잡기 위해 당파 싸움을 했다. 그런 관점에서 보면 경쟁은 사회적인 여건과 환경적인 영향에 무관하게 늘 하는 것이라는 생각도 든다. 이유야 어떠하든 스포츠 경기가 각 개개인의 경쟁의식을 약화시키고 완화시키는 역할을 한다는 것은 분명하다. 과거 국가 간의 전쟁으로 인해 각 개인 간의 경쟁심이 어느 정도 완화가 되었다면 지금은 스포츠 경기가 어느 정도 개인별 경쟁심을 완화시키는 역할을 하고 있다. 한편으로 생각하면 스포츠 경기 응원문화가 각 지역별 갈등을 양산하고 서로 적대적인 관계를 형성시키는 것은 아닌가 하는 우려도 있지만, 대승적인 관점에서 보면 실보다는 득이 더 많다. 그런 관점에서 볼 때 스포츠 경기는 페어플레이 정신에 입각하여 정정당당한 경쟁을 하게 하는 데 공여하는 효과도 있다. 또 월드컵이나 올림픽 기간에는 사람들의 이목이 월드컵이나 올림픽 경기에 집중됨으로써 사회적 갈등을 야기시키는 이슈들이 수면에 가라앉게 된다. 갈등이 경쟁을 야기시키고 경쟁이 갈등을 불러일으킨다는 점에서 뭇 사람들이 갈등을 해소시킬 수 있는 모맨텀을 제공하는 것이 필요한데 스포츠 경기가 그러한 역할을 해 준다. 물론 승리한 팀을 응원한 사람들이 더 큰 카타르시스를 느끼고, 패배한 팀을 응원한 사람들은 아쉬움과 분노를 자아내는 경우도 있다. 하지만 그럼에도 불구하고 스포츠 경기를 통해 경쟁은 정정당당하게 해야 한다는 것을 간접적으로 학습하게 되고, 혼자서 하는 힘보다 구성원 간에 하나가 되어야 승리한다는 것을 간접적으로 학습하게 하는 효과가 있다. 또 경쟁에서 패배해도 열심히 최선을 다한 경쟁은 후회가 남지 않는 아름다운 경쟁이라는 것을 배우게 하고, 경쟁은 승리하는 것이 목적이 아니라 올림픽 정신에 입각하여 함께 참가하는 것이 더 중요하고 그것이 가장 바탕이 되는 것이라는 것을 알게 한다. 사실 우리가 하는 모든 경쟁은 스포츠 경기와 매우 유사하다. 강한 팀이 우승을 하게 되고 우승한 팀이 모든 영광과 영예를 누리는 것을 보면서 경쟁에서 승리하는 자가 강자이고 그런 강자가 많은 것을 얻게 된다는 세상 이치를 알게 한다. 또 강자가 되기 위해서는 많은 고통과 인내를 필요로 하며 수많은 훈련과 수양을 해야 된다는 것을 알게 한다. 그런 관점에서 볼 때 스포츠 경기는 개인 간 경쟁의 바이블이고, 무분별한 경쟁이 양산되는 것을 예방하는 경쟁의 억제제이다.

26. 원수는 외길에서 만난다

장사는 이문을 남기는 것이 아니라 사람을 남기는 것이라는 말이 있듯이 경쟁은 승리해서 이익을 얻는 것이 아니라 사람을 얻는 것이라는 생각으로 경쟁에 임해야 한다. 즉 경쟁을 통해 경쟁 상대와 관계가 더 악화되어 원수지간이 되지 않도록 하는 것이 경쟁에서 이기는 것보다 더욱더 중요하다. 물론 경쟁을 하다 보면 경쟁 과정에서 발생한 불미스러운 일로 인해 경쟁 상대와 주먹다짐을 하거나 욕설을 하는 등의 다툼이 생기는 경우가 발생하기도 한다. 이때 너무 감정적으로 대응하다 보면 서로가 다시금 친분을 나눌 수 없을 정도로 관계가 악화되는 경우가 생기게 된다. 그야말로 서로 철천지수가 되는 것이다. 경쟁을 하면서 이성적이고 합리적으로 경쟁을 해야 하고 감정적으로 경쟁을 하지 말아야 하는 이유가 여기에 있다. 이성적인 사고로 경쟁에 임하면 경쟁 상대와의 관계가 악화되는 경우는 드물다. 하지만 감정적으로 경쟁에 임하다 보면 기분 나쁜 상황이 연출되거나 분노가 치미는 정도의 이슈가 발생되면 경쟁의 본질과는 다른 감정 싸움으로 변질된다. 특히 모욕을 당하거나 치욕적인 수모를 당해서 인격적으로 크게 상처를 입은 경우에는 경쟁이 아닌 피비린내 나는 혈투 상황이 연출되기도 한다. 이로 인해 경쟁을 하지 않았으면 친근했을 그런 관계가 급기에는 원수지간이 되는 경우가 있다. 그러므로 오로지 경쟁에서 이기기 위한 것에 주력하는 것도 좋지만 무엇보다 인간

경쟁의 정수와 꼼수

적으로 원수지간이 되는 일이 없도록 경쟁에 신중을 기해야 한다. 물론 경쟁을 하고 난 이후에는 전혀 볼 일도 없고 만나고 싶어도 만날 수 없기에 부정하고 비도덕적인 방법으로라도 경쟁에서 이기는 것이 중요하다고 생각하는 사람도 있을 수 있다. 하지만 그러한 경쟁 과정에서도 서로 인격적으로 상처를 입지 않도록 경쟁 상대를 배려하고 아껴주어야 한다.

한 사람을 아는 것은 단순히 그 한 사람만 아는 것이 아니라 그 한 사람이 경험한 모든 것과 그 사람과 관계하는 모든 사람을 함께 아는 것이다. 그런 관점에서 볼 때 경쟁 과정에서 경쟁 상대와 원수지간이 되었다는 것은 단순히 경쟁 상대 한 사람과 원수지간이 된 것이 아니라, 그 경쟁 상대와 연관된 수많은 사람들과 원수지간이 된 것이다. 특히 경쟁 상대의 가족과 그 친지들을 포함하여 경쟁 상대와 친근하게 지내는 모든 사람까지도 직간접적으로 원수지간이 된다. 그러므로 가급적이면 경쟁은 정정당당하게 하는 것이 상책이며, 경쟁의 결과에 집착하기보다는 경쟁 과정에서 경쟁 상대를 통해 자기의 현 수준과 자기의 강약점을 발견하고 경쟁 상대의 언행을 타산지석과 반면교사의 지혜로 삼아 자기를 단련하는 기회로 삼아야 한다.

《명심보감》에 '은혜와 의리를 널리 베풀어야 한다. 사람이 어느 곳에 살든 서로 만나게 되므로, 원수와 원한을 맺지 마라. 길이 좁은 곳에서 만나면 피하기 어렵다'는 말이 있다. 이 말처럼 경쟁을 해서 경쟁 상대를 이겼다고 해서 경쟁의 모든 것이 끝나는 것이 아니라 언제든 경쟁은 다시 시작되게 되어 있다. 당장은 힘이 없어 조용히 경쟁에서 밀려나지만 언제든 칼을 갈아서 다시금 도전하는 마음으로 경쟁에 임하려고 하는 것이 경쟁에서 패한 사람들의 공통된 마음이다. 또 이번 경쟁에서는 여러 가지 여건과 환경이 자기에게 불리하게 작용해서 일단 치욕과 수모를 안고 뒤로 물러나지만 언제든 힘을 비축해서 다시금 경쟁을 할 것이라고 생각하는 것이 경쟁에서 패한 사람들의 공통된 생각이다. 마치 한신 장군이 시정잡배들에게 인간적인 수모를 당했음에도 불구하고 먼 훗날 자기가 이루고자 하는 목표를 위해서 그들의 말을 순순히 들어줬던 것처럼 말이다.

앞서 경쟁에서 자기가 승리를 했다고 해도 경쟁 상대와 좋은 관계를 유지해야 하는 가장 중요한 이유는 누구보다 자기에 대해 가장 잘 아는 사람이 경쟁자라는 점이다. 그래서 경쟁 상대와 원수지간이 되면 그 사람이 자기에 대한 감점과 약점에 대해 누구보다 잘 알고 있기에 자기가 지닌 노하우까지 다른 사람에게 누설할 우려가 적잖다. 또 누구보다 자기를 잘 아는 경쟁 상대가 자기를 비방하거나 험담하는 경우에는 속수무책으로 당하는 상황이 발생한다. 그러므로 경쟁의 결과가 결정된 이후에는 상호 간에 좋은 관계를 유지하고 가능하다면 경쟁 상대를 자기편으로 만들어서 함께 병존하고 상생하는 관계를 유지해야 한다. 또 경쟁 상대와 원수지간이 되어서는 안 되는 또 다른 이유는 경쟁 상대가 경쟁의 결과에 승복하지 않고 함께 죽자고 덤비는 경우가 생길 수도 있기 때문이다. 경쟁 상대 입장에서 볼 때 경쟁에서 승리하기 위해 자기의 전부를 쏟아부었는데 경쟁에서 아쉽게도 패배했다면 아마도 인생의 허무를 느낄 것이다. 그래서 혼자 죽기에는 너무 억울하다는 생각에 같이 죽자는 물귀신 전략으로 나올 가능성도 적잖다. 그렇기에 경쟁에서 승리를 했다고 자만하지 말고 경쟁 상대를 우선적으로 배려하며 경쟁의 패배로 인해 억울한 마음이 들지 않도록 경쟁 상대의 마음을 먼저 헤아려볼 줄 알아야 한다. 그래서 경쟁 상대로 인해 생길 수 있는 잡음을 미리 잠재우는 것이 바람직하다.

27. 환경이 바뀌면 경쟁 상대도 바뀐다

인간은 환경의 동물이라는 말이 있듯이 인간의 생활 방식은 주어진 환경과 여건에 따라 각기 다르다. 그래서 생활 환경이 바뀌면 생활 방식이 달라지듯이 경쟁 환경이 바뀌면 경쟁 방식을 달리해야 한다. 특히 경쟁의 환경이 바뀌면 경쟁자도 바뀐다는 생각으로 변화되는 환경에 따라 신속하게 적응해야 한다.

경쟁의 환경이 바뀌면 경쟁의 기준과 원칙도 바뀔 가능성이 높다. 그러므로 바다에서 싸울 때와 육지에서 싸울 때 싸우는 방식을 달리해야 하듯이 경쟁의 환경이 바뀌면 경쟁의 방식을 달리해야 한다. 또 환경이 바뀌면 경쟁 상대도 변화된 환경에 따라 바뀔 가능성이 높다. 그러므로 경쟁의 환경이 바뀌면 그간에 해 오던 경쟁 상대에게 집중할 것이 아니라 변화되는 환경에 새롭게 경쟁해야 하는 경쟁 상대가 누구인지를 신속하게 감지하는 노력이 병행되어야 한다. 그래서 새롭게 나타나는 경쟁 상대는 어떤 성향이고, 새로운 환경에서 자기는 누구와 상생하는 것이 이익이 많은지를 예측해서 새로운 환경에서 나타나는 경쟁 상대를 통해 자기 발전을 꾀해야 한다. 그렇지 않고 환경이 바뀌었는데 계속해서 동일한 사람과 경쟁하다 보면 숨어 있는 경쟁자에 의해 곤경에 처하는 경우가 생기게 된다. 그러므로 1차적으로 새롭게 변화된 환경에서 자기가 살아남기 위해 준비해야 하는 것은 무엇이고, 변화된 환경에 조기 적응하기 위해서는 어떻게 해야 하는가를 먼저 생각해서 이에 대한 준비에 만전을 기해야 한다. 아울러 2차적으로 변화된 환경에 새롭게 나타날 경쟁자는 누구이고, 그 새롭게 출현하는 경쟁자와 어떻게 경쟁을 할 것인가에 대한 준비를 철저히 해야 한다.

경쟁을 하다 보면 경쟁의 환경 변화로 인해 자기에게 유리했던 판세가 경쟁 상대에게 유리하게 작용하는 경우도 있고, 그와는 정반대가 되는 경우도 있다. 그러므로 경쟁의 환경이 바뀌면 제일 우선적으로 현재 경쟁의 흐름이 어떻게 변하게 될 것인가를 사전에 예측해서 이에 대해 만반의 준비를 해야 한다. 아울러 경쟁의 환경 변화로 인해 새롭게 나타날 가능성이 높은 경쟁 상대의 취향과 성향에 대한 정보를 접해야 한다.

누차 강조하는 바와 같이, 경쟁에 임하는 사람의 가장 기본적인 태도는 경쟁 상대에 대해 아는 것이다. 적을 알고 나를 알면 위태롭지 않다는 말이 있듯이 경쟁 상대에 대해서 아는 것이 무엇보다 중요하다. 그런 관점에서 볼 때 경쟁의 환경이 바뀌면 가장 먼저 기존의 환경과 새롭게 변화된 환경이 어떤 차이가 있는지를 알아야 하고, 경쟁의 환경 변화로 인해 새롭게 나타나는 경쟁자는 누가 될 것인지 혹은 자기는 새롭게 변화되는 환경에서 누구를 경쟁 상대로 정할 것인지를 예측해서 이에 대비해야 한다. 아울러 환경이 바뀌면 모든 것이 바뀌게 된다는 생각으로 경쟁의 환경 또한 크게 변할 것이라는 생각을 가지고 경쟁에 임해야 한다. 그렇지 않고 경쟁의 환경이 바뀌어도 크게 변화되는 것이 없을 것이라는 생각으로 경쟁에 임하는 것은 시대적인 흐름에 적응하지 못하고 낙오되는 우를 범하게 된다. 이때 간과하지 말아야 하는 사실 중 하나는 경쟁 상대 역시 변화된 환경을 기회로 삼아 새롭게 진지를 구축하고 공략을 할 것이라는 점이다. 또 자기가 변화된 환경에 어떻게 적응해야 할 것인지를 생각하듯이 경쟁 상대 역시 그에 대한 생각을 한다는 점을 인식하고 경쟁에 임해야 한다.

특히, 직장인의 경우 조직이나 조직원이 바뀌면 그에 따라 경쟁 상대가 바뀌게 된다. 승진에 따른 경쟁자도 바뀌고 업무적으로 소통해야 하는 협업 상대도 바뀌게 된다. 그런 관점에서 볼 때 환경이 바뀐다는 것은 직간접적으로 연관된 모든 환경이 바뀌는 것이라고 생각해야 한다. 그렇지 않고 변화되는 환경에 맞춰 대응하지 않는다면 어떤 결과가 나올 것인가는 불을 보듯 뻔하다.

2장 :

경쟁의 정수

1. 심리전을 구사한다

경쟁을 잘하는 사람은 상대방을 심리적으로 압박하는 전술을 많이 쓴다. 마치 초한 전쟁에서 유방이 초나라 노래로 초나라 군인들이 향수에 젖어 전의를 잃게 했듯이 경쟁 상대의 사기를 꺾기 위한 일환으로 심리전을 펼치면 효과가 크다. 심리적으로 약해지면 정신적·육체적으로 약해지기 마련이다. 그래서 경쟁을 잘하는 사람은 경쟁 상대의 심리를 불안하게 할 요량으로 심리전을 종종 구사한다. 일례로, 근속연수를 빌미로 승진해야 한다고 말하는 사람에게 근속연수가 많은 것이 오히려 조직에 해가 되고, 사회적인 흐름이 창의적이고 혁신적인 신세대들의 승진이 대세라는 점을 알게 한다. 반대로, 신세대인 것을 빌미로 승진을 해야 한다고 말하는 사람에게는 직장의 안정과 기술 숙련도를 높이기 위해서는 경험 많은 직원들이 승진하는 것이 대세라는 것을 은연중에 알린다. 제아무리 승진에 따른 평가 기준이 있어도 대세나 흐름에 편승하는 것이 사회적인 추세이다.

한비는《한비자》에서 세(勢)·법(法)·술(術)로 군주가 백성을 다스려야 한다고 말을 했는데, 여기서 말하는 세를 형성하기 위해 심리전을 구사한다. 우리가 흔히 대세가 기울었다 혹은 세가 강해서 이제는 그 세를 막을 수가 없다는 말을 하는데 바로 심리전으로 그 대세나 흐름을 만들어가야 한다.

손자는 《손자병법》에서 적을 이기기 위해서는 먼저 모략으로 이기고, 그 이후에는 벌교로 이기며, 그 이후에 직접 공략하여 완전한 승리를 거두라고 했다. 여기서 모략이나 벌교로 이긴다는 것은 심리전에서 이기는 것을 의미한다. 그렇다. 경쟁을 할 때는 먼저 심리전으로 상대방의 사기를 꺾는 것이 매우 중요하다. 그 이후 상대방에게 힘을 실어 주는 외부 사람들을 자기편으로 만들고, 상대방의 인맥이 힘을 발휘하지 못하도록 외교적으로 벌교를 펼치는 것이 필요하다.

중상모략으로 좋은 자리에 앉으려는 상대방을 비방하고, 가짜 뉴스로 상대방의 이미지를 실추시키는 것도 일련의 심리전이다. 이때 상대방이 좋은 자리에 앉아서는 안 된다는 세를 형성하는 것이 매우 중요하다. 아울러 자기가 그 자리를 지키는 것이 조직에 이익이 되고 함께 조직에 몸을 담고 있는 사람들에게도 여러모로 실익이 많다는 것을 알게 해야 한다.

최근 기업 경영에서 홍보와 마케팅을 매우 중요시하고 있다. 이것은 고객과의 심리전에서 우위를 차지하기 위해서이다. 잘 만든 제품이 좋은 제품이 아니라 잘 팔리는 제품이 좋은 제품이라는 관점에서 볼 때, 고객의 마음을 얻는 홍보와 마케팅 전략의 성패가 결국은 제품 판매량을 결정한다. 사실, 제아무리 좋은 제품을 만들었어도 고객이 그 제품을 구매하지 않으면 무용지물이다. 그래서 대부분의 기업들이 고액의 비용을 지불하면서까지 홍보 마케팅에 사활을 걸고 있다.

참고로 경쟁을 한다는 것은 단순히 국부적이고 부분적으로 경쟁을 하는 것이 아니라 전면전을 하는 것이다. 그러므로 일단 상대방과 경쟁에서 이길 요량이면, 물적 인적 자원 측면에서 상대방보다 비교 우위에 서도록 사전 준비를 철저히 하는 것이 필요하다. 이에 더하여 전략적으로 초반에 심리전을 통해 상대방의 기세를 꺾고, 그 기세를 몰아 상대방을 무너뜨리는 전략을 구사하는 것이 상책이다.

우리가 흔히 본격적으로 싸우기 이전에 기싸움에서 이겨야 한다는 말을 곧잘 한다. 이 말에는 기싸움에서 먼저 이기면 본격적인 싸움에서 이길 확률이 높다는 의미가 내포되어 있다. 초반에 상대방이 기를 펴지 못하도록 강하게 밀어붙여야 한다는 말의 의미에도 결국 상대방을 이기기 위해서는 상대방이 주눅이 들도록 해야 한다는 말의 의미가 담겨 있다.

경쟁 상대의 마음을 불안하게 하고, 경쟁 상대로 하여금 온전히 경쟁에 몰입하지 못하도록 경쟁 상대의 신경을 자극하는 것이 경쟁의 심리전이다. 마음이 불안한 상태에서는 올바른 결정을 할 수 없고, 마음이 산만하게 흩어진 상태에서는 온전히 자기가 가진 전력을 경쟁에 투여할 수 없다. 그래서 경쟁을 잘하는 사람은 경쟁 상대의 심리 상태를 면밀히 살펴서 경쟁 상대가 심리적으로 불안감을 느낄 수 있는 요소를 찾아 경쟁 상대를 자극한다. 특히 경쟁 상대의 감정 상태가 불안한 상태에 있을 때 경쟁 상대로 하여금 감정적으로 행동하게 함으로써 경쟁 상대의 자충수를 유발시키기도 한다.

2. 상황에 따라 처세를 달리한다

앞서 말했듯이 경쟁은 원하는 목적이나 목표를 달성하기 위해 서로 겨루는 것을 의미한다. 보다 적나라하게 표현하면 정글에서 맹수들이 하나의 먹잇감을 차지하기 위해 치열하게 다투는 형국이 바로 경쟁이다. 학술적으로 경쟁(Concurrence)이 같이 달린다는 의미를 지녔다고 해서 단순히 같이 달리는 것은 경쟁은 아니며, 서로 같은 방향으로 달려야 경쟁이라고 말하기도 한다. 하지만 서로 달리는 방향이 달라도 서로가 원하는 바와 목표가 동일하다면 그 역시도 경쟁이다. 왜냐하면 과정이야 어떠하든 결론적으로 얻고자 하는 목표가 서로 동일하기 때문이다.

경쟁의 강도는 얻고자 하는 목표물의 희소성 여부에 따라 다르게 표출된다. 그래서 목표물이 희소하면 희소할수록 서로 치열하게 다툰다. 그런 관점에서 볼 때 경쟁을 한다는 것은 다툼을 하겠다는 의지와 각오 등이 바탕에 깔려 있다고 볼 수 있다. 경쟁을 하지 않으면 다툴 여지가 없다. 물론 경쟁을 하면 서로 자극을 받아 평소와 달리 잠재력을 발휘할 수 있는 원천이 되고 지속 성장과 진화의 촉매제 역할을 하기도 한다. 하지만 경쟁에서 승리한 사람은 계속해서 그 자리를 유지해야 한다는 심리적 압박감을 갖고 생활해야 하고, 또다시 경쟁해야 한다는 심리적 압박 속에서 긴장된 생활을 해야 한다. 또 경쟁에서 패배한 사람은 패배감에 사로잡혀 실망하게 되고, 심리적으로 위축된 생활을 한다. 또 만약의 경우 경쟁에서 기사회생이 불가능할 정도로 패배한다면 더할 나위 없는 고통의 삶을 보내야 한다.

대부분의 경쟁은 이성적인 생각에서 비롯된 것이 아니라 감정적으로 결정하는 경우가 많다. 그런데 경쟁할지 여부를 결정할 때 제일 경계해야 하는 것은 바로 감정에 기인하여 결정하는 것이다. 그러므로 경쟁을 할지 혹은 손을 잡아야 할지를 결정할 때는 어떤 것이 대의에 입각하여 공적인 측면에서 다수의 사람들에게 유리한가를 저울질해서 판단하는 것이 상책이다. 또, 경쟁에서 승리하여 혼자 이익을 취하는 것보다 경쟁자와 손을 잡고 널리 세상을 이롭게 하는 이익을 취하는 것이 보다 가치 있는 경쟁이다.

자기와 경쟁하는 상대방과 손을 잡으면, 상대방의 장점을 십분 활용할 수 있고, 자기의 단점을 상대방이 커버해 주는 부가적인 이익을 얻을 수 있다. 또, 상대방과 연합하여 공공의 적과 경쟁할 수 있는 힘이 비축되고, 각자가 미치는 영향력이 배가 되어 경쟁하기 이전보다 더 많은 영향력을 발휘할 수 있는 이점이 있다. 그러므로 필요하다면, '손에 손잡고 벽을 넘어서'라는 노래 가사처럼 공공의 적이라는 높은 벽을 넘는다는 생각으로 경쟁자와 서로 손을 잡는 것도 필요하다. 아울러 함께 하는 것이 실익이 없다면 언제든 손을 놓고 다른 사람과 손을 잡을 수도 있어야 한다. 그러한 행동이 다소 비열하고 의리가 없다고 탓할 수 있지만, 무한경쟁의 시대에 살아남기 위해서는 그러한 행동도 불가피하게 행해야 한다. 또 경쟁을 하면서 기준과 원칙을 잘 지켜야 한다고 하지만 그러다 보면 결코 상대방을 이길 수 없다. 특히 중상모략과 술책이 난무하는 혼란스러운 경쟁에서는 더욱 그러하다. 그럼에도 불구하고 기준과 원칙을 준수하면서 정정당당하게 경쟁에 임해야 하는 이유는 불미스러운 문제가 발생하는 것을 최소화하기 위해서이다.

모든 일에는 도가 있기 마련이다. 경쟁에도 도가 있다. 식사에는 식사의 도가 있고, 스포츠에는 스포츠의 도가 있으며, 사람을 대할 때에도 그에 따른 도가 있기 마련이다. 도를 행한다는 것은 가장 기초적으로 지켜야 하는 기본을 지키는 것이다. 그렇다. 기본이 바로 서야 모든 것이 바로 선다는 말의 의미에는 지킬 것은 반드시 지켜야 이롭다는 의미가 함축되어 있다. 경쟁은 정의로워야 하고 정정당당해야 하며, 공정과 상식에 입각하여 경쟁을 하는 것이 가장 기본적인 도리이다. 정의와 공정 그리고 상식에 어긋나는 경쟁은 이미 경쟁으로서 가치가 없다.

3. 끊임없이 자기와 싸운다

싸워서 지는 것을 좋아하는 사람은 없다. 또 싸우는 것을 유별나게 좋아하는 사람도 없다. 하지만 사노라면 자기는 전혀 남과 싸우고 싶지 않은데 싸울 수밖에 없는 상황에 처하는 경우가 발생하기 마련이다. 그런데 나이를 먹으면 다른 사람과 경쟁하는 것보다 자기와 경쟁해야 하는 상황이 더 많다는 것을 깨닫게 된다. 그래서 남을 이기려고 하기보다는 자기를 이기려는 마음이 더 많이 생긴다. 왜냐하면 나이가 들면 들수록 자기 마음의 눈이 안을 들여다보게 되기 때문이다. 또 나이가 들면 그간 살아온 삶이 잘 살아온 삶인지 앞으로 더 나은 삶을 살기 위해서는 어떻게 해야 하는 것인지에 대한 생각을 많이 하게 된다. 또 그간 경쟁 과정에서 자기로 인해 상처받은 다른 사람들에게 미안한 마음을 가지게 된다. 돌이켜 생각하면 부질없는 경쟁인데 왜 그렇게 수단과 방법을 가리지 않고 경쟁을 했는지에 대한 후회가 드는 경우도 있다.

경쟁을 해 본 적이 있는 사람들은 경쟁에서 패배하는 주요 요인은 남에게 있는 것이 아니라 자기에게 있다고 말한다. 자기가 타인과 경쟁하는 과정에서 비로소 진정한 경쟁은 남과 하는 경쟁이 아니라 자기와의 경쟁이라는 것을 알게 된 것이다. 또 타인과 경쟁을 하는 데 치중하다 결국은 자기 인생을 놓치게 됐다는 것을 몸소 깨달은 것이다. 어떻게 보면 굳이 남과 경쟁하는 것은 무의미하며, 자기 자신과의 경쟁에서 이기는 것이 진정으로 삶의 승리라는 것을 알게 된 것이라고 할 수 있다.

경쟁 상대를 정하는 것도 자기이고, 경쟁을 회피하는 것도 자기이며, 경쟁을 하는 것도 자기이다. 그런 관점에서 보면 경쟁을 하는 것 자체에 이미 자기와의 경쟁이 담겨 있다고 볼 수 있다. 보는 관점에 따라 타인과의 경쟁이 자기와의 경쟁이고, 자기와의 경쟁이 타인과의 경쟁이다. 그래서 자기를 이기는 것이 타인을 이기는 것이다. 간혹 타인과 경쟁하지 않는다는 말이나 자기의 경쟁 상대는 오로지 자기라고 말하는 것은 오만방자하기 짝이 없는 말이지만, 그 말의 진의는 굳이 타인과 경쟁을 하지 않아도 자기와의 경쟁에서 이기면 이미 승자가 된다는 의미를 내포하고 있다.

자기와의 싸움은 한순간에 끝나는 것이 아니라 살아 있는 동안 지속적으로 해야 하는 싸움이다. 또 자기와의 싸움은 끝이 없는 싸움이고 자기와의 경쟁은 승패가 결정되지 않는 365일 진행형 경쟁이다. 사는 것 자체가 생존 경쟁이기에 우리는 늘 공기를 마시듯이 경쟁을 마시면서 경쟁과 함께 동거를 하고 있다. 경쟁을 하지 않으려고 해도 경쟁을 해야 하고, 경쟁에서 벗어나기 위해서도 경쟁을 해야 하며, 경쟁에서 벗어나면 벗어난 곳에서 또 다른 경쟁을 해야 한다. 그야말로 우리네 삶은 경쟁의 텃밭에서 셀 수 없이 많은 경쟁을 하는 삶이다. 살기 위해 애써 숨을 쉬려고 하지 않아도 본능적으로 숨을 쉬듯이 경쟁하고, 경쟁을 하고 싶지 않아도 자연스럽게 경쟁을 해야 하는 상황에 처해 있다. 그런데 자기를 다스리지 못하는 사람은 남을 다스릴 자격이 없다. 또 자기와의 경주에서 승리하지 못하는 사람은 남과의 경주에서도 승리할 수 없다. 사실 경쟁을 하는 가장 궁극적인 목적은 자기의 욕구를 충족하거나 욕망을 달성하기 위해서이다. 남을 이기는 것도 결국에는 자기의 욕구를 충족하려는 의도에서 시작된 것이고, 경쟁에서 승리를 하려는 것도 자기가 원하는 욕망을 채우기 위함에 있다. 그래서 경쟁을 한다는 것은 자기의 한계를 확인하거나 자기 안에 있는 또 다른 자기와 경쟁을 하는 것이다. 그래서 자기와의 경쟁에서 이기는 자는 굳이 타인과 경쟁을 하지 않아도 된다. 왜냐하면 자기를 이겼다는 것은 결국 타인과의 경쟁에서 이긴 것이나 진배없기 때문이다. 그런 관점에서 볼 때 타인과의 경쟁은 자기와의 경쟁에서 이기기 위한 과정이다. 왜냐하면 타인과 경쟁하는 과정에서 자기를 이길 수 있는 힘이 길러지고, 자기와 경쟁하는 과정에서 타인과의 경쟁에서 이길 수 있는 힘이 길러지기 때문이다.

4. 경쟁자 주변에 답이 있다

경쟁을 하다 보면 상대방이 무슨 전략을 쓰고 있는지 혹은 상대방이 바라는 바가 무엇이고 향후 어떻게 나올 것인지에 대해 전혀 예측을 할 수가 없는 경우가 있다. 특히 경쟁 상대가 갑작스럽게 변화된 행동 패턴을 보일 때는 앞으로 어떤 일이 벌어질지 전혀 예측이 안 되는 경우가 있다. 직감적으로 왠지 모르게 다른 경쟁자가 있는 것처럼 느낀다면 분명 직접적으로 자기가 상대하는 경쟁자 이외에 또 다른 경쟁자가 숨어 있다고 보는 것이 타당하다. 흔히 실권이나 전혀 권한도 없고 뒤에서 조정하는 사람의 지침에 따라 경영하는 사람을 '바지사장'이라고 부른다. 마찬가지로 경쟁을 하면서 경쟁 상대가 직접적으로 자기에게 모든 것을 행하는 경쟁자인지 아니면 다른 사람의 얼굴마담 격에 해당하는 바지사장과 같은 경쟁자인지를 알아볼 수 있는 안목이 필요하다. 보이는 적보다 보이지 않는 적이 가장 무섭다는 말이 있듯이 눈에 보이지 않는 경쟁자와 경쟁하는 것은 매우 어려운 경쟁이다.

사실 직접적으로 경쟁하는 경쟁자보다 그 뒤에서 경쟁의 이모저모를 조정하는 사람이 더 무섭다. 바둑이나 장기를 둘 때 직접 두는 사람보다 옆에서 훈수를 하는 사람이 더 잘 볼 수 있듯이 실제 경쟁을 하는 상대보다 뒤에서 객관적인 시각으로 모든 판세를 보고 경쟁에 임하는 숨어 있는 경쟁자가 경쟁의 판을 더 정확하고 상세하게 읽는다. 그러므로 그런 경쟁의 상황에 처했다면 가장 먼저 숨어 있는 경쟁자와 드러난 경쟁자의 관계적 거리를 멀게 하는 데 초점을 두어야 한다.

모든 경쟁은 단순히 자기와 상대방이 일대일 양강구도를 형성하여 경쟁하는 것이 아니라, 경쟁으로 인해 손익을 달리하는 사람들과 다수 대 다수로 경쟁을 하기 마련이다. 경쟁을 하는 사람은 그 경쟁에서 이기기 위해 주변 사람들의 도움을 받아 경쟁에 임하려고 하는 경향이 있다. 마치 자기 혼자 경쟁을 하는 것처럼 보이는 사람도 뒤에서 자기에게 힘을 실어 주는 조력자를 만들어서 경쟁에 임한다. 그래서 손자는 《손자병법》에서 적과 싸우기 이전에 모략과 벌교를 통해 주변에서 경쟁자를 도울 수 없도록 외교 관계를 차단한 연후에 본격적인 전쟁에 임하라고 말한다. 그러므로 주변에 상대방을 도와줄 사람이 누구인지? 상대방과 경쟁하면 그 사람을 두둔할 사람은 누구이며, 두 사람의 경쟁으로 인해 궁극적으로 뒤에서 어부지리(漁父之利)의 이익을 보는 사람은 누구인지를 먼저 아는 것이 중요하다. 또 경우에 따라서는 어부지리의 이익을 얻으려고 하는 사람을 상대로 경쟁 상대와 전략적으로 제휴하여 그자를 물리친 연후 경쟁 상대와 경쟁을 하는 것도 좋은 전략이다.

《손자병법》에서 손자가 가능한 한 신속하게 전쟁을 끝내야 한다고 말을 했듯이 일단 경쟁을 하게 되면 신속하게 승부를 내는 것이 매우 중요하다. 제아무리 자기에게 유리한 경쟁이라도 시간을 끌면 끌수록 유무형으로 자기 역시 피해를 보게 된다. 그러므로 경쟁의 조짐이나 징후가 보이면 경쟁에서 이길 수 있는 방책을 미리 마련해서 경쟁에 임하고, 상대방이 경쟁에서 이길 수 없는 상황을 만든 연후에 신속하게 경쟁을 끝내는 것이 필요하다.

5. 차별성을 강조한다

일반적으로 사람들은 자기와 동등하거나 자기와 크게 다를 바가 없는 사람이 자기보다 앞서가고 있는 꼴을 보지 못하는 시기 의식을 갖고 있다. 하지만 자기와 큰 차이가 있거나 현격하게 차원이 높은 수준에서 살고 있다고 느끼는 사람은 존경과 선망의 대상으로 대하는 경향이 있다. 그런 심리를 최대한 활용하여 자기는 다른 일반 사람과는 차원이 다른 특별한 삶을 사는 사람이라는 점을 강조할 필요가 있다. 이는 자기가 가진 것을 자랑하거나 보통 사람과 차별을 두려고 하는 것은 아니다. 진짜 속내는 자기가 일반 사람과 다르기 때문에 자기를 대할 때 그 격에 맞게 대해야 한다는 점을 은근슬쩍 표출하는 것이다. 이처럼 자기를 표적으로 경쟁하려는 사람에게 자기는 당신과 다른 차원에서 살고 있으며 당신이 경쟁심을 가지고 적의를 불태워도 결코 쉽게 자기를 따라잡을 수 없을 것이라는 점을 알게 해야 한다. 그래서 상대방으로 하여금 자기를 경쟁의 대상이 아니라 존경과 선망의 대상으로 대하도록 만들어야 한다.

자신은 다른 사람과 다른 특별한 능력을 지녔다는 생각은 자기를 특별한 사람으로 인식하게 하고 다른 사람과 달리 품격 있고 타의 모범적으로 생활하게 하는 단초가 되기도 한다. 때로는 이 세상을 움직이는 리더의 가문에서 태어났다거나 혹은 태어날 때부터 뭇 사람을 이끄는 영웅적인 기질을 갖고 태어났다는 차별성이 일반인들에게 신비감을 주는 단초가 되기도 한다. 그러므로 경쟁에 임할 때에도 자기는 다른 경쟁자와는 달리 큰 생각과 대승적인 차원에서 모두에게 이익이 되는 경쟁을 한다는 생각으로 경쟁에 임해야 한다. 아울러 앞서 말했듯이 주변 사람들에게 자기는 특별한 사명 의식을 갖고 경쟁에 임한다는 것을 알게 해서 뭇 사람들의 지원을 이끌어 내야 한다. 한편으로 생각하면 자기가 다른 사람과 태생부터 다르고 생활력과 실력 등 모든 측면에서도 차이가 크다고 하는 것이 서로 이질감을 형성하거나 친밀도 측면에서 마이너스 측면이 강하지만 경쟁 상대의 의지를 약화시키는 효과는 크다.

결론적으로 보통 사람과 다른 차별성을 강조하는 것은 자기의 우월성을 다른 사람들에게 알리는 효과가 파생되어 멋모르고 무지하게 경쟁을 하려는 사람의 경쟁심을 약화시키는 역할을 하기도 한다. 그러므로 수시로 경쟁 상대에게 자기의 우월성을 넌지시 알려서 경쟁 상대가 제아무리 노력해도 자기를 따라잡을 수 없다는 것을 알게 해야 한다. 그래서 그로 인해 경쟁 상대가 자기와 경쟁할 생각을 갖지 못하게 하고 종국에는 경쟁 상대 스스로 백기를 들고 순종하게 해야 한다.

6. 경쟁을 멈출 때는 멈춘다

경쟁을 하면서 가장 중요한 것은 경쟁을 해서는 안 되는 상황이 도래하면 즉시 경쟁을 멈추는 것이다. 그러기 위해서는 주변 상황과 여건을 정확하게 이해해야 한다. 그래서 주변 정세나 자기가 처한 상황이 경쟁을 하지 말아야 하는 상황이라면 기꺼이 경쟁을 멈출 줄 아는 사람이 진정으로 경쟁의 고수이다.

경쟁의 본질은 경쟁 상대를 이기는 것이 아니라 서로 경쟁을 통해 지속 성장하고 진화하는 데 있다. 즉 경쟁을 통해 어느 한쪽이 승리의 기쁨을 만끽하고 다른 한쪽이 패배의 고배를 마시는 것이 경쟁의 본질이 아니다. 또, 정체된 조직 분위기에 활력을 불어넣고, 매너리즘에 빠져 있는 개인의 생활에 활력을 주며, 사회적으로 느슨한 경쟁력을 드높이는 것에 경쟁의 본질이 있다. 그래서 졌지만 잘 싸웠고 이겼어도 상대방을 배려하는 경쟁이 아름다운 경쟁이다. 그러므로 그런 경쟁이 아니라면 한발 뒤로 물러나 경쟁을 하지 않는 것이 바람직하다. 또 시대적인 흐름에 맞지 않고 다수의 사람들이 인정하지 않는 불공정한 경쟁은 하지 않는 것이 바람직하다. 또 경쟁을 하지 말아야 하는 사람과는 경쟁을 하지 말아야 하고, 경쟁을 하지 말아야 하는 상황에서는 경쟁을 하지 말아야 하며, 경쟁을 하지 말아야 하는 시기에는 경쟁을 하지 않는 것이 지혜로운 처사이다.

세상에서 결코 변하지 않는 진리 중의 진리는 세상은 변한다는 사실이다. 그러므로 경쟁을 하면서 시시각각 변하는 세상을 읽어야 하고 경쟁 과정에서 수시로 그 변화에 따른 경쟁의 전략과 전술을 구사해야 한다. 그래서 경쟁에 변화를 녹여내야 한다. 경쟁의 과정에서 변화를 읽고 경쟁을 하지 말아야 하는 상황에서는 경쟁을 하지 말아야 하며, 경쟁을 가속화할지 혹은 경쟁을 그만두어야 할지를 잘 선택해서 이에 적극적이고 능동적으로 대응하는 것이 경쟁으로 인해 파생되는 불상사를 미연에 방지하는 길이다. 변화에 순응하는 경쟁, 흐름에 맞는 경쟁, 시대적인 상황과 여건에 맞는 경쟁, 그러한 경쟁이 발전 지향적인 경쟁이다. 또 경쟁은 정정당당해야 하고, 경쟁을 통해 상호 동반 성장하는 것이 가장 이상적인 경쟁이다. 이에 더하여 경쟁 과정에서 경쟁을 멈춰야 하는 상황이 발생하면 가차 없이 경쟁을 멈추는 것이 합당한 처사이다.

손자는 《손자병법》에서 국가 간에 전쟁을 하더라도 신의성실 원칙에 입각하여 전쟁을 해야 한다고 말하면서 적국에 중대한 사망사고가 발생했거나 흉년이나 기근이 발생했을 때는 전쟁을 하지 말아야 한다고 말한다. 또 전쟁을 해도 노약자나 어린이는 죽이지 말아야 한다고 말한다. 이와 마찬가지로 경쟁 과정에서 경쟁 상대에게 경조사가 발생하거나 경쟁 상대의 건강이 악화되는 등 경쟁 상대에게 개인적인 불행이 닥쳤을 때는 경쟁을 멈추어야 한다. 특히 경쟁 상대가 가정적인 불화로 인해 심신이 불안하거나 교통사고 등 개인적으로 어려운 상황에 봉착해 있을 때에는 경쟁을 멈추고 기꺼이 경쟁 상대의 편에 서서 경쟁 상대가 정상적인 생활을 할 수 있을 때까지 적극적인 지원을 아끼지 않아야 한다. 어떻게 생각하면 경쟁 상대가 어려운 상황에 처해 있을 때 공략하는 것이 경쟁 상대를 가장 쉽게 이길 수 있고, 자기가 가진 유무형의 자원을 사용하지 않는 상태에서 경쟁 상대를 쉽게 무너뜨릴 수 있는 절호의 기회라고 할 수 있다. 하지만 그런 상황에서 경쟁하는 것은 주변 사람들에게 비열한 사람이라는 이미지를 남기게 되고, 경쟁에서 승리해도 정당하지 못한 승리라는 점에서 득보다 실이 더 많다. 만약의 경우, 그런 상황에서 경쟁을 한다면 경쟁 상대 역시 죽을힘을 다해 함께 자폭하는 물귀신 작전을 구사하는 등 극단적인 선택을 할 우려도 적잖다. 또 경쟁 상대는 어려운 상황에 처했음에도 불구하고 초인적인 힘을 발휘하여 목숨을 걸고 맞대응을 할지도 모른다. 그로 인해 주변 사람들이 동정 어린 마음으로 아낌없는 호응과 지원을 보내서 경쟁 상대에게 힘을 실어 줄 여지도 많다. 그러므로 경쟁 상대가 곤궁한 처지에 처했거나 가정불화로 인해 평상시와 다른 생활을 하는 상태에 있다면 결코 경쟁을 하지 않는 것이 바람직하다. 그런 경우에는 앞서 말했듯이 오히려 경쟁 상대를 두둔하고 지원하면서 경쟁 상대가 정상적인 생활을 할 수 있도록 적극 지원하고 헌신적으로 도움을 주는 것이 실익이 크다. 그러면 경쟁 상대는 그에 감동 받아 순순히 백기를 들고 당신의 든든한 후원자가 될 것이다.

대부분의 사람들은 자기가 어려운 상황에 처했을 때 자기에게 도움을 준 사람의 은혜를 잊지 못하는 속성을 지녔다. 또 절체절명의 위기 상황에서 자기에게 활력을 준 사람의 은혜에 대해 결초보은하려는 속성을 지녔다. 또 받은 만큼 주어야 한다는 생각과 함께, 자기가 어려운 상황에 처했을 때 자기에게 도움을 준 사람의 은혜를 언제든 갚겠다는 마음의 빚을 안고 사는 속성을 지녔다. 그런 점에 입각하여 경쟁 상대가 불행한 상황에 처해 있을 때에는 경쟁을 멈추고 우호적인 태도를 취해야 하며, 최소한 도움이나 지원은 하지 못해도 경쟁 상대가 경쟁으로 인해 더욱 어려운 상황에 처하지 않도록 경쟁을 멈추는 것이 상책이다. 그렇게 하면 경쟁 상대는 그에 대해 감사의 마음을 갖게 되고 그로 인해 상호 경쟁 관계가 아닌 우호적인 관계를 유지하게 될 것이다. 이에 더하여 경쟁을 해도 하등 상호간에 이익이 없거나 경쟁을 하는 것보다 상호 호의적인 관계를 맺는 것이 서로에게 실익이 크다고 판단되면 서로 협의하여 경쟁을 하지 않는 것이 상책이다. 또, 제3자만 이익을 보는 경쟁이라면 둘이 합심하여 제3자와 경쟁 구도를 형성해야 한다.

7. 꼼수는 맞춤형 정수이다

꼼수라는 말은 흔히 바둑에서 사용하는 용어로 정수가 아니라 상대방을 속이거나 유혹하기 위해 의도적으로 만드는 수이다. 하지만 상대방이 잘못 둘 것을 가정해서 두는 수라는 점에서 상대방에 맞는 맞춤형 정수이다. 물론 상대방이 꼼수에 대응하지 않고 정수로 두면 손해를 볼 수도 있지만, 꼼수를 써서 실패했을 때의 손해보다 성공했을 때의 이득이 압도적으로 클 때 주로 사용하는 전술이다. 한편으로 생각하면 꼼수에 비열하고 얄팍한 속셈이 담겨 있어서 정당하지 않은 수라고 하지만, 꼼수를 쓰는 상대방과의 경쟁에서 이기기 위해서는 자기도 꼼수를 써야 한다. 물론, 정수로 이길 수 있다면 정수를 고집하는 것도 좋지만 상대방이 정수를 쓰는 자기의 전술을 간파하고 그에 대해 꼼수로 응대하면 자기 역시 불가피하게 꼼수를 써야 한다. 그런 관점에서 볼 때 꼼수는 변형된 정수이자 경쟁 상대에게 맞는 맞춤형 정수이다. 어떻게 생각하면 정수와 꼼수를 명확하게 구분하는 기준은 없다. 왜냐하면 경쟁 상황에 따라 꼼수도 정수가 되고 정수도 꼼수가 되기 때문이다. 결론적으로 시대적인 상황과 주어진 여건에 부합하면 정수이고 그렇지 않으면 꼼수이다. 그렇다. 결국에는 경쟁에서 이기는 수가 정수가 된다. 극단적으로 말해서 정수라고 하지만 경쟁에서 패하는 수라면 그 수는 정수가 아니다.

앞서 꼼수가 경쟁 상대에 따른 맞춤형 정수라고 하는 이유는 꼼수는 객관적으로 널리 알려진 수가 아닌 자기만의 특별한 수이기 때문이다. 남이 쓰지 않는 자기만의 독특한 수나 유별나게 경쟁 상대에게 먹히는 수가 바로 정수로 포장된 꼼수이다. 경쟁 과정에서는 정수만으로 경쟁 상대와 대적하여 이길 수는 없다. 왜냐하면 정수는 널리 알려진 수라서 예측 가능한 수이기 때문이다. 반면에 꼼수는 경쟁 상대가 눈치채지 못하는 특별한 정수라서 예측이 불가능한 수이다. 그래서 경쟁 상대로 하여금 어떤 전략과 전술로 맞대응을 해야 하는지를 난처하게 하는 수라는 점에서 꼼수라고 칭할 뿐이지, 꼼수라고 해서 결코 비도덕적이고 비윤리적이며 불공정한 수는 아니다.

일반적으로 정해진 룰과 약정된 프로세스에 의해서 규정과 원칙에 따라 경쟁하는 수는 정수이다. 반면에 정해진 룰과 프로세스에 따라 경쟁하는 과정에서 주어진 여건과 상황이 변하면 그 상황에 맞는 변칙적인 전략을 구사하게 되는데 그때 활용되는 전략과 전술이 꼼수이다. 아울러 꼼수는 변칙적으로 사용하는 전략과 전술이라는 점에서 정수라고 하지 않고 꼼수라고 할 뿐이지 부정한 전략과 전술은 아니다. 사실, 정해진 룰과 프로세스에 의한 경쟁은 경쟁의 결과가 어느 정도 예측 가능하다. 비근한 예로 키가 큰 선수가 많은 팀이 정상적인 규정과 원칙에 의해서 농구 시합을 하면 당연히 승률이 높다. 그런데 단신 선수가 많은 팀이라도 경쟁 상대에 따른 맞춤형 전략을 잘 구사하면 장신 선수가 많은 팀을 이길 수 있다. 이때 쓰는 전략이 꼼수이다. 일례로 장신 선수에게 패스가 가지 않도록 하거나, 장신 선수와 몸싸움을 하면서 파울을 유도하여 조기에 5반칙 퇴장을 하도록 하는 것도 일련의 꼼수이다. 정당한 방법으로는 결코 이길 수 없는 경기지만, 상대측 장신 선수의 활동 반경을 줄이고, 자기

측 단신 선수의 스피드를 활용하거나 공중 경합보다 땅볼 경합을 유도하여 경쟁의 판을 바꾸면 이길 수 있다. 이러한 꼼수를 써서 경쟁에서 승리하면 비도덕적이고 부정한 수라고 하지 않고 오히려 '신의 한 수'라고 한다는 점을 명심하자.

8. 생각의 무게를 줄인다

경쟁에서 승률을 높이기 위해서는 주변 환경 변화에 신속하게 적응할 수 있어야 하고, 경우에 따라서는 변화의 최전선에서 변화를 이끌 수 있는 능력을 지녀야 한다. 그래서 경쟁 시스템이 바뀌었다면 그 시스템에 맞는 프로세스와 규칙에 준하여 경쟁해야 승률을 높일 수 있다. 경쟁의 프로세스와 제도가 변경됐는데도 기존의 방법을 고수하는 것은 한마디로 헛발질을 하는 것과 같다. 그러므로 변화를 신속하게 감지하여 변화에 능동적으로 대응할 수 있도록 생각과 심신의 무게를 가볍게 해야 한다. 그래서 최소한 몸과 마음의 속도를 변화하는 속도에 맞출 필요가 있다.

생각의 속도는 생각의 짐이 가벼울 때 제대로 성능을 발휘한다. 마음이 무거운 상태는 생각이 혼란스럽고 정리가 되어 있지 않은 상태이다. 그러므로 변화의 속도에 반응하는 행동의 속도를 빠르게 하기 위해서는 생각의 속도를 빠르게 해야 한다. 아울러 생각의 속도를 빠르게 할 요량이면 생각의 무게를 가볍게 해야 하는데 그러기 위해서는 생각 속에 있는 쓸데없는 생각을 지워 내야 한다. 마치 컴퓨터 하드에 있는 불필요한 소프트웨어를 삭제하여 컴퓨터 속도를 빠르게 하는 것처럼 말이다.

생각의 무게에서 가장 점유율이 높은 생각은 생각하기 싫은 생각이다. 자기의 기억에 담고 싶지 않은 그런 생각이 생각 속에 있는 것 자체만으로 생각의 무게가 8할 이상 무거워진다. 그러므로 생각의 무게를 줄일 요량이면 기억하고 싶지 않은 생각을 제거하는 노력이 선행되어야 한다. 그러기 위해서는 자기 주변에 있는 불필요한 물품을 제거하고 남아 있는 필요한 물품을 사용하기 편리하게 정리 정돈을 잘해 놓은 상태에서 늘 청결한 상태를 유지하는 것이 필요하다. 자기가 생활하는 주변 환경이 깨끗하면 생각이 맑아지고 그로 인해 생각의 무게가 가벼워진다. 왜냐하면 눈에 보이는 것이 생각으로 구현되기 때문이다. 또 문제를 해결하기 위한 행동이 뒤따르지 않는 생각 또한 생각의 무게를 무겁게 하는 원흉이다. 그러므로 생각의 무게를 가볍게 할 요량이면, 행동이 뒤따르지 않는 생각 자체를 하지 않는 것이 바람직하다. 행동하지 않고 생각만으로 문제를 해결하려고 하는 것은 생각의 꼬리에 꼬리를 무는 잡생각일 뿐이다. 즉 생각하는 것이 또 다른 생각을 가져와 생각의 무게를 무겁게 한다.

생각의 무게가 행동의 무게이다. 그래서 생각이 굼뜨면 행동이 굼뜨다. 또 생각의 속도가 느리면 마음의 속도가 느리게 되고, 마음의 속도가 느리면 행동의 속도가 느려지게 된다. 그러므로 경쟁에서 이기기 위해서는 경쟁의 속도를 따라잡아야 하는데 그에 앞서 생각의 무게를 줄여 생각의 속도를 빠르게 하는 노력이 병행되어야 한다. 일례로 직장 동료와 경쟁을 해야 하는데 가정불화로 인해 마음이 무거운 사람은 제대로 실력을 발휘할 수 없다. 또 팀워크를 이뤄서 단체 시합을 해야 하는데 개개인의 갈등으로 인해 마음의 무게가 무거운 상태에서는 팀워크가 제대로 발휘되지 않아 패배할 확률이 높다. 그런 관점에서 볼 때, 행동의 속도를 빠르게 할 요량이면 가장 먼저 마음과 생각의 무게를 줄이는 데 힘써야 한다.

9. 퇴로를 열어 둔다

경쟁을 하면서 기본적으로 해야 하는 사항은 퇴로를 열어 두는 것이다. 개인 간의 경쟁에서 사생결단의 각오로 경쟁을 하는 상황은 그리 많지 않다. 그런 경쟁은 이미 둘 다 죽는 경쟁이다. 어제의 적이 오늘의 친구가 되고 오늘의 적이 내일의 친구가 되는 현 시대적인 상황에서 사생결단의 경쟁은 서로에게 크나큰 상처가 될 뿐이다. 그러므로 치열하게 서로 경쟁을 했다고 해도 경쟁이 끝나면 서로가 손을 맞잡아야 한다. 그렇지 않고 경쟁의 퇴로를 갖추지 않고 오로지 전진만 하는 경쟁은 분명히 서로에게 크나큰 상처를 남기게 된다. 또 사생결단의 각오로 퇴로 없이 오로지 뒤로 밀리면 죽는다는 결연한 생각으로 경쟁을 하다 보면 정작 중요한 것을 놓치는 우를 범하게 된다. 사실 인생에서 귀하고 소중한 것은 경쟁에 있는 것이 아니라 안정되고 행복하게 사는 것에 있다. 그러므로 경쟁을 하면서 사생결단의 각오로 경쟁에 임하기보다는 자기가 보유한 에너지의 일부를 남겨 두는 것이 상책이다. 최소한 궁지에 몰렸을 때 도망갈 수 있는 힘은 남겨 두어야 한다. 또 경쟁에서 패했을 때 마중물 차원에서 또다시 도전해서 새롭게 경쟁에 임할 수 있는 에너지는 보유하고 있어야 한다.

앞서 경쟁을 하면서 퇴로를 열어 두어야 한다는 말은 도망갈 길을 미리 만들어 놓고 경쟁을 하라는 말이 아니다. 만약, 경쟁에서 궁지에 몰렸을 때 일정 기간 잠적하거나 곤란한 상황에 처하면 미봉책으로 잠시 피해 있을 퇴로를 열어 두어야 한다는 말이다.

실제로 경쟁을 해서 명분과 이익을 동시에 취하기는 다소 어렵다. 경우에 따라서는 자기가 명분을 취하고 상대방이 이익을 취하거나 자기가 이익을 취하고 상대방이 명분을 취하는 형태가 가장 바람직하다. 왜냐하면 명분과 실리를 동시에 추구하다 보면 경쟁 상대 입장에서는 모든 것을 잃는 형국이 되어 뒤끝이 좋지 않기 때문이다. 경쟁의 결과 상대방과 원수지간이 되는 것보다는 언제든 필요하다면 서로가 호혜평등의 관계를 형성하는 것이 아름다운 경쟁이다. 그러므로 경쟁자와 동반 성장은 하지 못해도 최소한 적대적인 관계가 되지는 말아야 한다.

경쟁을 하다 보면 예기치 않는 상황이 발생해 이도 저도 어떻게 하지 못하는 사면초가(四面楚歌)의 상황에 이르는 경우도 있다. 또 상대방이 다수의 사람들과 연합하여 혼자의 힘으로는 역부족인 상황에 처하게 되는 경우도 있다. 그런 상황에서는 몸을 숨기는 것이 최상이다. 그러기에 만약을 대비해서 퇴로를 만들어 놓고 피신했다가 추후 다시금 경쟁에 나서면 된다. 경쟁 과정에서 궁지에 몰렸을 때 빠져나갈 퇴로가 없다면 사생결단의 각오로 대항을 하기도 하지만, 오히려 불안감으로 인해 올바른 선택과 결정을 하기가 어려워진다. 그런데 퇴로가 있다면 예기치 않는 상황에서는 잠시 몸을 피할 수 있다는 생각이 들기 때문에 안정된 상태에서 새로운 활로를 모색하게 된다.

가장 이상적인 경쟁은 서로가 어느 정도 만족하는 선상에서 결과가 도출되는 경쟁이다. 또 경쟁을 해서 자기 뜻대로 되면 다행이고 그렇지 않아도 자기가 크게 피해를 입을 확률이 낮은 경쟁이 가장 좋은 경쟁이다. 해도 그만 안 해도 그만인 경쟁이 아니라 경쟁 상대가 궁지에 몰렸을 때는 적극적으로 경쟁에 임하고 반대로 자기가 궁지에 몰린 상황에서는 소극적으로 경쟁에 임하는 그러한 경쟁이 지혜로운 경쟁이다. 아울러, 때로는 경쟁 상대가 도망갈 수 있는 퇴로를 일부러 열어 두는 전략과 전술도 필요하다. 경쟁 상대의 입장에서 궁지에 몰리면 순순히 경쟁에서 물러나도 크게 문제가 되지 않는다는 명분을 세워 주는 것도 경쟁 상대의 퇴로를 열어 주는 것이다. 승자 독식의 시대이고 일등 싹쓸이 시대라고 해서 모든 경쟁에서 이겨야만 좋은 결과가 뒤따르는 것은 아니다. 얻는 것이 있으면 잃는 것이 있고, 잃는 것이 있으면 얻는 것이 생기는 것이 세상 이치이다. 그러므로 잃는 것과 얻는 것 중에서 뭐가 중요한지에 대한 경중을 따져 크게 중요하지 않다면 상대방이 원하는 것을 갖도록 하는 것도 현명한 처세이다.

손자는 《손자병법》에서 자국으로 돌아가는 적의 퇴로를 막지 말고, 적을 포위할 때에는 반드시 한쪽을 터 주며 궁지에 몰린 적은 너무 압박하지 않는 것이 상책이라고 말한다. 이처럼 경쟁을 할 때도 경쟁 상대가 인간적으로 수모를 당하거나 수치심을 느낄 정도로 경쟁 상대를 몰아붙이면 오히려 역공을 당할 우려가 적잖다. 왜냐하면 궁지에 몰린 쥐가 고양이를 문다는 말이 있듯이 경쟁 상대를 기사회생이 불가능할 정도로 압박하는 것은 오히려 역공을 당해서 자기도 어느 정도 피해를 감수해야 하는 상황이 발생하기 때문이다. 그러므로 경쟁 상대가 백기를 들고 항복을 할 때는 여지를 남겨 두고 경쟁 상대가 어느 정도 체면치레를 할 수 있도록 하는 것이 장기적으로 볼 때 득이 많다.

10. 주도권을 잡는다

　조직생활을 하면서 조직원들이 서로 경쟁하는 궁극적인 이유는 주도권을 잡기 위해서이다. 특히 신구 세대가 교체되는 조직에서는 구세대는 기득권을 놓지 않으려고 하고 이에 반해 신세대는 새로운 변화를 통해 자기들의 영향력을 넓히기 위해 경쟁을 한다. 조직에서의 세대 간 갈등은 결국 기득권을 지키려는 구세대와 기득권을 차지하려는 신세대 간의 경쟁이다. 신혼부부도 서로 주도권을 차지하기 위해 갈등을 겪는 시기가 있다. 마찬가지로 조직이 새롭게 결성되면 서열이 정해지고 그 서열에 맞는 위계질서가 형성되는데 일정 기간이 지나면 서로 높은 서열을 차지하기 위해 경쟁을 한다. 이때 서열에 집착하지 않고 조직의 성과를 위해서 혹은 가정의 행복을 위해서 무엇이 중요한지를 아는 사람은 섣부르게 경쟁하지 않는다. 그렇게 단순히 서열에 집착하지 않고 보다 큰 그림을 그리는 사람이 경쟁의 고수이다.

　《손자병법》에서 손자가 말하는 부전승(不戰勝)이 바로 그러한 경쟁에서 비롯된 승리이다. 주도권을 잡으려고 하는 경쟁에서 대의를 위해서 주도권을 과감히 포기하고 경쟁자에게 주도권을 양보하는 사람이 진정한 경쟁의 승자이다. 그러므로 자기가 주도권을 잡아야만 조직이 번창한다는 생각은 버려야 한다. 가장 이상적인 조직은 조직원 모두에게 주도권이 있는 조직이다. 그래서 리더십을 잘 발휘하는 리더는 조직원들이 모두 조직의 일원으로서 각각의 주도권을 가지고 조직 생활을 하도록 영향력을 발휘한다. 그 주도권이라는 것은 단순히 주도권을 잡는 것에서 끝나는 것이 아니라, 그 주도권이 미치는 힘의 범위가 어느 정도인지가 더욱 중요하다. 단순히 혼자만의 주도권이 아니라 그 힘이 미치는 범위가 넓으면 넓을수록 주도권의 힘이 강하다. 결과적으로 좋은 경쟁인지 나쁜 경쟁인지는 경쟁 과정에서 나타나는 것이 아니라 경쟁의 결과로 인해 얻어진 주도권이 향후에 어떤 영향력을 발휘하는가에 달려 있다. 그런 까닭에 경쟁에서 이겼다고 해도 그것이 오히려 다른 사람들에게 나쁜 영향을 준다면 그 경쟁은 좋은 경쟁이 아니다.

주도권은 주동적인 위치에서 이끌어 나갈 수 있는 권리나 권력을 말한다. 한 집단이나 국가의 문화가 다른 집단이나 국가의 문화를 지배하는 헤게모니(Hegemony)도 일종의 문화주도권이다. 주도권을 잡았다는 의미에는 그 주도권이 미치는 영향력이 강하다는 의미이고, 그 주도권에 대항할 수 있는 또 다른 경쟁 생길 수 있는 여지를 제거했다는 의미가 내포되어 있다. 아울러 주도권을 가진 사람이 계속해서 주도권을 유지하기 위해서는 주어진 상황과 여건에 따라 주도권의 변화가 생길 수 있는 여지를 제거해 가는 것도 필요하다.

독일의 식물학자이자 화학자인 유스투스 리비히(Justus Liebig)는 식물의 성장에 필요한 영양소 중 성장을 좌우하는 것은 넘치는 요소가 아니라 가장 부족한 요소라고 했다. 최대가 아니라 최소가 식물의 성장을 결정한다는 이 이론은 비단 식물의 성장에 국한되는 법칙이 아니라 조직과 사회, 그리고 국가 발전 전반을 이해하는 데 매우 중요한 법칙이다. 이와 마찬가지로 주도권의 영향력을 지속적으로 유지하기 위해서는 수많은 요

경쟁의 정수와 꼼수

소 중 주도권을 약화시키는 요인이 발생하지 않도록 극히 사소한 것도 잘 관리할 필요가 있다. 즉, 최소화의 법칙에 걸리지 않도록 최소한 모든 방면에 걸쳐 평균 수준 이상의 실력을 갖춰야 한다.

가장 쉽게 주도권을 잡을 수 있는 방법은 자본을 활용하는 방법이다. 자본주의 시대에는 자본이 힘과 권력으로 귀결된다. 즉 주도권을 확보할 수 있는 방법도 자본에 있고 주도권을 빼앗기지 않도록 하는 방법도 자본에 달려 있다. 그래서 권력을 가지려면 일정 부분 자본이 있어야 하고 권력을 빼앗기지 않고 유지하기 위해서도 자본이 필요하다. 권력자들의 주변에 부자들이 끄는 이유도 바로 권력과 부가 함께 하기 때문이다. 부가 있어야 권력이 따르고 권력이 있어야 부가 따른다. 그래서 주도권을 잡으려는 권력의 경쟁은 부의 경쟁이기도 하다.

11. 참고 또 참는다

경쟁을 하다 보면 수많은 우여곡절을 겪게 된다. 경쟁으로 인한 스트레스로 인해 근심 걱정을 해야 하고, 자기 스스로 경쟁 상대와 감정 싸움으로 인해 화가 치미는 상황이 생기는 경우도 있다. 또 이성적으로 정정당당하게 경쟁하면 좋은데 때로는 감정적으로 대립해야 하고 경우에 따라서는 경쟁 상대에게 욕설을 들어야 하는 경우도 있다. 또 인간 이하의 수모를 당하는 경우도 있고, 때로는 오해로 인해 주변 사람들에게 질타를 받는 경우도 있다. 또 어떤 경우에는 경쟁을 해야 하는데 대적할 힘이 없어 경쟁을 하지 못하는 자기 자신에 대한 자괴감으로 인해 자존심에 상처를 입기도 한다. 그러다 보면 산속에 들어가 혼자 아무런 간섭을 받지 않고 마음 편안하게 살고 싶은 생각도 든다. 특히 경쟁 상대를 대적하는 것이 계란으로 바위를 치는 형국과 같은 상황에 처했을 때에는 저절로 자포자기하고 싶은 생각이 들기도 한다. 그럼에도 불구하고 경쟁을 하지 않으면 안 되는 상황에 처했다면 어떤 경우라고 참고 견뎌내야 한다.

강한 것이 오래도록 살아남는 것이 아니라 오래도록 살아남는 것이 강한 것이다. 또 힘들지 않으면 힘을 쓴 것이 아니라는 말이 있듯이 무엇이든 원하는 것을 얻기 위해서는 얻고자 하는 크기에 반비례하는 정도의 힘과 고통을 쏟아부어야 한다. 고통이 없으면 얻는 것도 없다는 말은 경쟁에서도 통하는 지극히 당연한 이치이다. 그런데 많은 사람들이 성공

경쟁의 정수와 꼼수

의 크기에 상응하는 정도의 인내와 고통이 뒤따른다는 것을 알면서도 그것을 견뎌내지 못한다. 그것은 평상시 고통을 감내하고 인내하는 훈련이 되어있지 않았기 때문이다.

어렵고 힘들면 더욱 강해지는 내성을 길러서 그럴수록 이를 악물고 참고 또 참는 사람이 있는가 하면 잘 나갈 때는 즐겁게 열정을 다하다가 어렵고 힘든 상황에 처하면 은근슬쩍 발을 빼는 사람도 있다. 그런데 어렵고 힘든 상황에서 참고 견뎌 내는 것이 습관으로 자리 잡은 사람은 참고 견디는 힘이 주는 보람이 얼마나 큰지를 안다. 이에 반해 굳이 힘들게 경쟁을 하지 않아도 아쉬울 것이 없다고 생각하는 사람은 중도에 포기하는 경우가 많다. 그러므로 평소에 참고 견뎌 내는 힘을 기르는 연습을 해야 하고 일부러 최악의 조건을 만들어서 인내심을 기르기 위한 극기 훈련을 하는 것이 바람직하다. 또 입버릇처럼 '참아야 한다', '참고 견뎌야 한다', '참자', '참아 내자'라는 말을 자주 읊조려야 한다. 말이 씨가 된다는 말이 있듯이 입에 '참자', '참아 내자'라는 말을 달고 살면 저절로 참아 내는 힘이 길러진다. 그렇다. 참고 견뎌 내는 힘은 그냥 얻어지는 힘이 아니라 반복적으로 참는 과정에서 길러진다. 또 단순히 그냥 참는 것이 아니라 사랑하는 사람을 위해서 참아야 한다는 생각이 참고 견뎌 내는 힘을 배가시킨다. 가장으로서 무너지면 안 된다는 생각, 아들을 위해서 자랑스러운 아버지의 모습을 보여야 한다는 생각, 사랑하는 아내를 위해 반드시 참아야 한다는 생각 등이 참고 견뎌 내는 힘을 더 강하게 한다.

일반적으로 마음이 행동을 지배하는 경우도 있지만 때로는 행동이 마음을 지배하는 경우도 있다. 그러므로 하기 싫은 일도 일단 행하면 마음에서 하기 싫은 마음이 사라지게 된다. 또 마음을 먹어야 행동하는 경우도 있지만 행동하다 보면 마음이 먹어지는 경우도 있다. 그러므로 참고 견뎌내는 힘이 미약하다면 일단 행동으로 옮겨야 한다. 그러다 보면 참는 힘이 생기고 그 힘이 생각에 반영되어 행동을 유발하고 그러한 과정에서 인내심이 길러진다. 그러한 행동이 반복되면 자기도 모르게 강한 인내심이 저절로 길러지게 될 것이다. 그렇다고 해서 무조건 참아야 하는 것은 아니다. 참아야 하는 상황에서는 참되 참지 말아야 하는 상황에서는 거침없이 행동하는 것도 필요하다. 또 전략적으로 경쟁 상대와의 경쟁에서 기선을 제압하거나 자신의 또 다른 모습을 보일 필요가 있을 때에는 이성적으로 생각해서 행동하기보다는 감정을 여과 없이 드러내는 것도 필요하다.

경쟁을 한다는 것은 어떻게 생각하면 서로의 성장을 위한 선의의 경쟁 차원도 있지만, 서로가 무리하게 힘을 낭비하는 계기가 되기도 한다. 그러므로 경쟁을 하지 않으면 서로가 손해를 볼 것이 없고, 무료하게 에너지를 낭비할 필요가 없다고 생각되거나 굳이 그런 경쟁을 해서 무의미하게 힘을 쓸 필요가 없다고 판단되면 경쟁을 하지 않는 것이 낫다. 또 경쟁을 해도 둘 다 손해를 보게 되고 오히려 경쟁을 하지 않는 것이 경쟁을 하는 것보다 낫다면 경쟁을 하지 않는 것이 상책이다.

12. 사람이 재산이다

경쟁을 한다는 것은 서로 간에 갈등이 있음을 의미한다. 서로 친밀해서 전혀 갈등이 없는데 경쟁하는 경우는 드물다. 어릴 적 형제간의 경쟁은 부모의 사랑을 더 많이 차지하기 위해 혹은 부모에게 좋은 자녀로 보이기 위한 갈등에서 빚어지는 경쟁이다. 특히 부모가 한 자녀를 편애하면 그 갈등의 골이 더욱 깊어지게 된다. 또 직장에서 동료와 경쟁을 하는 것은 대부분 승진으로 인한 갈등에서 비롯되는 경우가 많다. 서로 시기하고 질투하는 마음이 갈등을 불러일으키고 그러한 갈등으로 인해 서로 경쟁한다. 그런데 이해관계가 전혀 없다면 갈등이 발생될 여지는 적다. 노사 간의 갈등은 임금에 대한 이해관계의 갈등이고, 학창 시절의 친구와의 갈등은 성적 순위에 대한 이해관계의 갈등이며, 부자와 가난한 사람과의 갈등은 특혜를 입는 것에 대한 이해관계의 갈등이다. 이처럼 대부분의 갈등은 자기 주변에 있는 사람이나 이해관계가 있는 사람들 간의 얽힌 관계에서 빚어지는 경우가 많다.

갈등이 있다는 것은 경쟁을 하고 있다는 것을 의미한다. 그래서 갈등의 의미에 이미 경쟁이 있고 경쟁의 의미에 이미 갈등이 존재한다. 경쟁이라 쓰고 갈등으로 읽거나 갈등이라 쓰고 경쟁이라고 읽어도 크게 그릇됨이 없다. 또 갈등을 하고 있다는 것은 상대방에게 관심을 갖고 있다는 의미지만, 서로 관심을 가지면 갈등이 생긴다는 말로 바꿔 말해도 그릇됨이 없다.

대부분 선후배 간의 갈등은 선배가 후배를 무시하거나 후배가 선배 대우를 하지 않는 등 서열과 순서에서 비롯되는 경우가 많다. 공식적인 서열은 선배가 높지만 비공식적인 서열에서 후배가 선배의 위치에 오르려고 하는 것으로 인해 경쟁하게 된다. 또 부자인 동생이 가난한 형보다 더 높은 서열과 순서를 차지하려는 갈등에서 형제간에 경쟁을 하는 등 대부분의 모든 경쟁은 서열과 순서에서 생기는 경우가 많다. 돈으로 인한 갈등, 권력으로 인한 갈등, 승진에 따른 갈등, 상사와 부하 간의 갈등, 형과 아우의 갈등 등에서 빚어지는 모든 경쟁이 바로 서열을 파괴하는 과정에서 비롯되는 갈등의 경쟁이다. 그래서 경쟁을 해서 승패가 결정이 된다는 것은 서열이 정해진 것이고, 경쟁의 결과에 따라 승패가 정해지면 그 승패로 인해 서열이 재편성되는 것이다. 그렇게 서열이 재편성되면 그 재편성된 서열에 따라 일정 기간 안정적인 상태를 유지하지만 또다시 그 서열과 순서를 새롭게 재편성하려는 다른 사람들이 생겨나서 다시금 갈등의 경쟁을 하게 된다. 그래서 갈등과 경쟁이 계속되는 것이다.

모두가 한결같이 정해진 서열과 순서에 입각하여 주어진 역할과 책임을 다하면 되는데 이를 재편성할 수 있다고 생각하고 있는 사람이 존재하는 한 갈등의 경쟁은 계속된다. 그런데 승진을 하거나 싸움에서 승리를 했든 간에 주변 사람들이 그 서열과 순서를 인정해 주지 않으면 아무런 의미가 없다.

한편, 돈의 경쟁도 돈을 다루는 사람과의 경쟁이고, 학업 성적의 경쟁도 친구라는 사람과의 경쟁이다. 돈과 성적은 경쟁의 수단일 뿐 경쟁의 주체는 사람이다. 그러므로 경쟁을 해도 사람을 잃지 말아야 한다. 조선 시대의 거상 임상옥은 '장사는 이문을 남기는 것이 아니라 사람을 남기는 것이다'라고 말을 했는데 바로 모든 경쟁의 주체도 사람이며, 모든 갈등의 주체가 사람이라는 사실을 명확하게 인지하는 것이 필요하다. 경쟁은 단 한 번에 승패가 결정되어 끝나는 것은 아니다. 또 단 한 번의 경쟁으로 경쟁의 승패가 결정되었다고 해서 그 이후의 모든 경쟁이 종료되는 것이 아니라 연속된다. 그러므로 경쟁 과정에서 사람을 남겨야 한다. 왜냐하면 정치가 생물이라고 말을 하는데 경쟁으로 얽힌 사람과의 관계도 생물이기 때문이다.

13. 상대의 힘을 역이용한다

경쟁을 한다고 해서 겉으로 드러내 놓은 상태에서 경쟁을 하는 경우는 많지 않다. 경쟁을 하고 있어도 경쟁을 하지 않는 것처럼 포커페이스를 하고, 경쟁 상대에게는 전혀 관심이 없는 척, 무관심으로 일관하는 경우도 많다. 겉으로 보기에는 전혀 경쟁을 하지 않는 것처럼 보이지만, 그 속내를 들여다보면 치열하게 경쟁하고 있다. 또 신경전 혹은 뒷담화 등 서로 보이지 않는 곳에서 서로를 못 잡아먹어서 안달을 하는 것처럼 경쟁한다. 이처럼 오늘날의 경쟁은 경쟁하지 않는 척을 하는 경쟁이다. 그렇다면 경쟁을 하고 있다는 것을 어떻게 알 수 있을까? 그 방법 중 하나는 대화를 해보는 것이다. 대화 분위기가 뭔가 모르게 불편하고 다소 긴장감이 흐르는 듯하게 무겁다고 느껴진다면 분명히 서로 경쟁을 하고 있다고 보는 것이 맞다. 또 자기의 속내를 드러내지 않는 대화를 하고 심리적 거리가 느껴진다면 서로 경쟁을 하고 있다고 보는 것이 맞다.

경쟁을 한다는 것은 서로를 의식하고 있음을 의미한다. 경쟁 과정에서는 한쪽에서 공격하면 당연히 다른 한쪽에서도 공격하게 되어 있다. 한쪽에서 공격을 하면 단순히 수비만 하는 것이 아니라 응당 공격을 하는 것이 지극히 당연하다. 물리학 이론에 작용이 있으면 반작용이 있듯이 경쟁 과정에서도 그러한 원리는 여지없이 통한다. 이에는 이, 눈에는 눈이라는 말이 있듯이 일정한 자극이 있으면 그 자극에 상응하는 정도의 반응을 보이게 된다. 그러므로 자기가 경쟁자에게 일정한 영향력을 발휘했다면 상대방도 일정한 영향력을 발휘할 것이라는 것을 지극히 당연하게 받아들여야 한다. 그렇지 않고 자기가 강자인데 약자인 상대방이 자기의 영향력에 대해 어찌 감히 대항을 하느냐고 생각하는 것은 오해이다. 제 아무리 상대방이 약해도 그 약함에 강한 힘이 내재되어 있다. 더군다나 강한 힘을 가하면 그 힘에 상응하는 정도의 반작용이 있다고 생각하고 상대방을 공략할 때 신중에 신중을 기해야 한다. 또 경쟁 상대로부터 공격을 당하면 그 공격의 힘에 비례할 정도로 반응을 보이기보다는 역으로 그 힘이 상대방에게 가해지도록 해야 한다. 필요하다면 상대방이 가하는 강한 힘에 대적하지 않고 피하는 것이 제일이다. 상대방이 공격하는 힘에 맞대응을 하는 것은 하책이고, 그 공격하는 힘을 피하는 것이 중책이며, 그 힘을 흡수하여 자기의 힘으로 전환하는 것이 상책이다. 아울러 경쟁 상대가 부정의 힘을 가하면 자기는 상대방에게 긍정의 힘으로 대응하고, 상대방이 강함으로 대하면 유능제강의 지혜로 응수하는 것이 좋은 경쟁 관계를 유지하는 비결이다.

14. 아름답게 퇴장한다

공성신퇴(功成身退)라는 말이 있듯이 공을 이뤘으면 뒤로 물러나야 한다. 경쟁에서 이겼다고 해서 승승장구할 것이라는 생각으로 계속해서 경쟁 태세를 유지하는 것은 득보다 실이 많다. 그러므로 경쟁을 해야 할 때와 하지 말아야 하는 때, 앞으로 나서야 할 때와 뒤로 물러나야 할 때를 알고 상황에 맞춰 행해야 한다.

맹자는 하늘의 때를 아는 것이 가장 우선되어야 하고, 지리적인 여건과 인적인 요건을 더해서 일을 추진하는 것이 좋다고 말한다. 이와 마찬가지로 주변 여건이나 환경 등 전체적인 분위기가 경쟁을 해야 하는 분위기인지 혹은 경쟁을 하지 말아야 하는 분위기인지를 직감해서 이에 응해야 한다. 또 전체적으로 볼 때 경쟁 상대보다 불리한 형국에 처해 있다면 경쟁을 하지 말아야 한다.

경쟁의 목적은 앞서 말했듯이 자기의 기반을 확고히 다지고 지속적인 성장과 진화를 위한 교두보를 확보하는 데 있다. 경쟁에서 승리를 했다면 더더욱 그 기반이 견고하게 되었을 것이고, 경우에 따라서는 주변 사람들의 스포트라이트를 받는 영웅의 위치에 오른 것이라고 할 수 있다. 그런 공을 이뤘다면 반드시 뒤로 한발 물러나야 한다. 일례로 중국 한나라 건국에 혁혁한 공을 세운 유방의 핵심 측근은 한신과 장량 그리고 소하이다. 그중 장량과 소하는 공을 이룬 연후에 뒤로 물러났지만 한신은 토사구팽을 당했다. 물론 다수의 경쟁이 아니라 일대일의 개인적인 경쟁이라는 관점에서 보면 자기를 토사구팽시키는 사람도 없고 자기가 경쟁에서 승리해서 공적을 이뤘다고 해서 그것을 반드시 다른 사람과 나눠야 한다는 보장도 없다. 그럼에도 불구하고 또 다른 경쟁에서 이기기 위해서는 또다시 경쟁을 준비하기 위해 뒤로 물러나야 한다. 그렇다고 해서 공을 세웠으면 뒤로 물러나야 한다는 말이 모든 것을 버리고 멀리 떠나야 한다는 말은 아니다. 이 말에는 더욱 강한 경쟁 상대와 대적하기 위해 뒤로 물러나 자기의 힘을 더욱 길러야 한다는 의미가 내포되어 있다.

경쟁의 속성 중 하나는 경쟁에서 승리할수록 더욱 강한 상대와 경쟁을 해야 한다는 것이다. 반면에 경쟁에서 더욱 강한 상대와 대적할수록 경쟁에서 패배하면 더욱 큰 상처를 입게 된다. 그래서 개인 간의 경쟁에서 승패가 결정되어 승리를 했다면 너무 승리에 도취되어 유난 떨 것이 아니라 뒤로 한 발 물러나 앞으로 더욱 강한 경쟁 상대와 대적하는 데 필요한 역량을 기르는 데 주력해야 한다. 아울러 앞서 했던 동일한 방식으로 또다시 강한 상대와 대적을 해서 경쟁을 하는 것은 패배할 확률이 높다는 점을 감안하여 강한 상대에 맞는 힘을 기르고 그에 따른 새로운 전략을 수립해야 한다.

아름다운 퇴장은 있어도 아름다운 경쟁은 없다. 실제로 경쟁을 해보면 정정당당하게 하는 경쟁이 아름답다고 말을 하지만 경쟁은 다툼이고 싸움이다. 서로 실력을 키우고 경쟁력을 기르기 위한 선의의 경쟁이라는 말로 경쟁 자체를 아름답게 표현을 한다고 해서 그것이 아름다운 경쟁은 아니다. 경쟁은 치열해야 하고, 서로가 최상의 수단과 방법을 동원하여 경쟁에 임해야 한다. 그 후 아름답게 퇴장하는 것이 아름다운 경쟁이다.

15. 경쟁 상대가 된다

늘대를 잡으려면 늘대가 되어야 하고, 물고기를 잡기 위해서는 물고기가 되어야 하며, 토끼를 잡기 위해서는 토끼가 되어야 하듯이 경쟁 상대를 이기기 위해서는 자기가 경쟁 상대가 되어야 한다. 낚시꾼이 물고기의 습성을 알고 물고기에 맞는 미끼로 물고기를 잡고, 사냥꾼이 토끼가 자주 오가는 길목에 덫을 놓아 토끼를 잡듯이 경쟁 상대를 이기기 위해서는 경쟁 상대와 관련된 알 수 있는 모든 것을 알고 이에 응하는 것이 필요하다. 흔히 좋은 소통을 하기 위해서는 상대방 입장에서 생각하고 말하는 역지사지(易地思之) 소통을 해야 한다고 말한다. 마찬가지로 상대방과 좋은 경쟁을 하기 위해서도 상대방의 생각이나 습성 그리고 취향이나 생활 방식을 알고 경쟁에 임하는 것이 필요하다. 아울러, 경쟁 상대가 그간 어떻게 살아왔고 성품과 성격은 어떠하며 경쟁 상대의 가족이나 주변 사람들에 대해서도 일정 부분 알아야 한다. 왜냐하면 경쟁 상대를 아는 것에 비례하여 경쟁에서 우위를 확보할 가능성이 높아지기 때문이다.

《명심보감》에 배우지 않으면 어둡고 캄캄한 밤길을 걷는 것과 같다는 말이 있는데, 경쟁 상대에 대해 아무것도 모르는 상태에서 경쟁하는 것은 어둡고 캄캄한 밤길을 걷는 것과 같아서 위험에 빠질 공산이 크다. 앞서 경쟁에 임할 때 자기가 경쟁 상대가 되어야 한다는 말의 의미에도 경쟁 상대의 관점에서 경쟁의 판세를 읽을 수 있는 안목이 필요하다는 의미가 내포되어 있다. 또 경쟁 상대가 무엇을 좋아하고 경쟁 상대의 장점과 단점은 무엇이며, 경쟁에 임하는 상대방의 전략과 전술은 무엇이고 행동 패턴은 어떠하며 경쟁 상대가 보유한 유무형의 자원과 인맥은 어느 정도인지에 대해 알아야 한다. 아울러 경쟁 상대에 대해 아는 것에서 그치지 말고 그것을 종합 분석하여 경쟁의 판에서 경쟁 상대가 어떤 전략적인 행동을 할 것인지를 예측, 이에 대한 대안을 마련해서 적정한 시기에 적절한 행동을 하는 것이 필요하다.

부부간에도 오랜 기간 사랑하면 닮게 된다. 그 이유는 먹고 자고 생각하고 행동하는 것이 서로 유사하기 때문이다. 이와 마찬가지로 경쟁 상대와 오래도록 경쟁을 하다 보면 경쟁 상대에게서 자신의 모습을 발견하게 된다. 또 서로가 너무 다르면서도 어떻게 보면 서로가 너무 흡사하다는 생각을 하게 된다. 어쩌면 같은 극은 서로 밀어내고 다른 극은 서로 당기는 것과 같이, 심적으로는 경쟁 상대이지만, 육감적으로 서로 끌림이 많다는 것을 느끼게 된다.

앞서 경쟁 상대와 대적하기 위해서는 경쟁 상대가 되어야 한다는 말의 의미에는 경쟁 상대가 가지고 있는 강점에 견줄 수 있는 강점을 지녀야 하고 경쟁 상대가 갖고 있는 단점이 무엇인가를 알기 위해서는 경쟁 상대와 같은 사고방식을 지녀야 한다는 말의 의미가 담겨 있다. 한마디로 말해서 경쟁 상대와 동일하게 생각하고 동일한 방식으로 생활하면서 자기가 경쟁 상대가 되어야 한다. 그렇게 함으로써 경쟁 상대가 어떤 생각을 하고 자기가 공격을 할 때 어떻게 방어를 하며, 경쟁 상대가 자기를 공격한다면 어떻게 공격할 것인가에 대한 전략을 미리 간파하는 것이 매우 중요하다. 또 경쟁 상대의 입장에서 자기를 볼 때 자기의 약점이 무엇이고 경쟁 상대가 공격하면 속수무책으로 당하게 되는 포인트가 어디인지를 아는 것이 매우 중요하다. 그래서 경쟁 상대를 이길 수 있는 전략으로 속히 전환해야 하고 경쟁 상대가 공격을 해오면 언제든지 뒤받아 공략할 수 있도록 만만의 준비 태세를 갖춰야 한다.

16. 머리를 빌려 쓴다

경쟁은 혼자 하는 단순한 다툼이 아니라 여러 가지 변수와 주변 환경 그리고 경쟁으로 인해 이해 관계가 얽힌 많은 사람과의 다툼이다. 단순히 일대일 경쟁이라고 해도 독립적이고 개별적인 경쟁이 아니다. 비근한 예로 학업 성적 최우수상을 놓고 친구와 경쟁을 해도 단순히 친구와의 일대일 경쟁이 아니라 부모와 교사 그리고 자기편을 들어 주는 친구들까지 상호 복합적으로 연계된 경쟁이다. 그래서 경쟁을 할 때는 모든 것을 혼자서 하려고 하지 말아야 한다.

삼류 리더는 자기의 힘을 과시하고, 이류 리더는 타인의 힘을 활용하며, 일류 리더는 타인의 지혜를 활용한다는 말이 있듯이 일류 경쟁자는 자기가 하는 경쟁이 아니라 다른 사람의 힘과 지혜를 빌려서 하는 경쟁자이다. 자기가 직접 나서서 모든 것을 행하는 경쟁은 그다지 승률이 높지 않다. 몸은 빌려 쓸 수 없지만 머리는 빌려 쓰면 된다는 말이 있듯이 경쟁 과정에서 자기가 할 수 없는 것들은 자기보다 더 잘하는 다른 사람의 힘과 지혜를 빌리면 승리할 확률이 더 높다.

사람마다 잘하고 못하는 것이 각각 다르기 마련이다. 또 개인적인 성격과 성향에 따라 경쟁에 유리한 사람이 있고 불리한 사람도 있다. 그러므로 경쟁을 할 때에는 자기의 단점을 매워줄 수 있는 다른 사람의 도움을 받아서 경쟁을 하는 것도 필요하다. 일대일 경쟁이라고 해서 자기 혼자 모든 것을 하려고 하지 말라는 것이다. 혼자서 하다 보면 놓치는 것이 생길 수 있고, 본의 아니게 무리수를 두어야 하는 경우가 생길 수 있다. 일상생활 속에서 해야 할 일이 많고 경쟁 과정에서도 해야 하는 일이 많은데 그 모든 것을 자기가 혼자서 하려고 하다 보면 과부하로 번 아웃(Burn out)될 공산이 크다. 그러므로 오로지 경쟁에 모든 것을 쏟아부어야 하는 상황이 아니라면 다른 사람의 도움을 받는 것이 상책이다.

경쟁은 《손자병법》의 군주와 백성들의 마음이 일치를 이뤄야 한다는 전쟁 원리에 입각해서 자기 주변 사람들과 일치를 이루는 것이 매우 중요하다. 또 객관적으로 주변 사람들이 생각하기에 충분히 경쟁을 해도 되는 경쟁이라고 수긍하는 그러한 경쟁이어야 한다. 왜냐하면 나비효과가 말해 주듯이 경쟁 상대와의 경쟁으로 인해 자기를 비롯하여 자기 주변 사람들의 생활에 변화가 생길 수 있기 때문이다.

경쟁을 하다 보면 필연적으로 다른 사람의 힘을 빌려야 하는 상황이 도래하기 마련이다. 또 자기는 경쟁을 하지 않고 중도에 포기하고 싶어도 주변 사람들의 성화에 못 이겨서 경쟁을 해야 하는 상황이 도래할 수도 있다. 또 일대일 경쟁이 주변 사람들의 다툼으로 얼마든지 번질 수도 있다. 그래서 경쟁에서 이길 요량이면, 모략으로 상대를 궁지로 몰고 벌교로 경쟁 상대를 도와줄 수 있는 가용자원을 단절시켜 경쟁 상대를 고립무원의 처지에 놓이도록 한 연후에 경쟁 상대를 공격해서 굴복시켜야 한다. 이 말은 자기 주변에 경쟁에 도움을 주는 협조자를 많이 만들고 경쟁 상대에게 도움을 주는 사람들이 없도록 경쟁 상대를 고립무원의 처지에 놓이게 한다는 것이 골자이다. 경쟁 상대의 입장에서 보면 인적 물적 자원이 자기가 경쟁을 하기에는 역부족이라는 생각이 들도록 여건을 조성하는 것이 필요하다. 반복해서 말을 하지만 경쟁의 주체는 사람이다. 실력과 자원이 제아무리 탁월하고 풍족해도 그것을 가용할 수 있는 사람의 역량이 뒷받침되지 않으면 결국에는 경쟁에서 승리를 장담할 수 없다. 그러므로 경쟁을 할 때는 경쟁 상대의 주변에 있는 사람과 경쟁 상대의 성향을 파악하여 경쟁에 임하는 것이 절대적으로 필요하다. 왜냐하면 경쟁의 주체도 사람이고 경쟁을 하는 대상도 사람이기 때문이다.

17. 져도 되는 경쟁은 져 준다

경쟁을 하면 승패가 갈리게 마련이다. 설령 승패가 갈리지 않고 무승부가 됐다고 해도 그 결과가 두 사람이 동시에 만족하는 결과라고 단정할 수는 없다. 어떤 사람은 무승부만 해도 크게 승리한 것이라고 생각하는 경우도 있고, 또 어떤 사람은 무승부 자체가 패배나 마찬가지라고 생각하는 경우도 있다. 그렇다고 해서 모든 경쟁에서 모두 승리를 한다는 것은 확률적으로 희박하다.

경쟁 과정에서 계속해서 약자를 상대로 경쟁을 할 수도 없고, 약자와의 경쟁에서 승리하면 또다시 강자와 경쟁하는 상황에 놓이게 된다. 경쟁이 거듭되면 거듭될수록, 계속해서 경쟁하면 경쟁할수록 강자와 경쟁해야 하는 상황이 점점 증가하기 마련이다. 손자는 《손자병법》에서 남을 알고 나를 알면 백 번 싸워도 위태롭지 않다고 말한다. 나를 알고 남을 알았다고 해서 백 번 싸워서 모두 이길 수는 없다. 제아무리 전쟁의 신이라고 해도 모든 전쟁에서 이길 수는 없다. 특히 모든 것이 세분화되고 전문화됨에 따라 이제는 세상에 고수가 너무도 많다. 또한 경쟁의 영역도 세계화됨에 따라 단순히 주변 사람들과 경쟁하는 시대를 넘어 이제는 지구 반대편에 있는 사람과도 경쟁해야 하는 시대가 됐다. 정보 또한 특정한 사람만 공유하는 것이 아니라 인터넷 보급과 통신 기술의 발달로 인해 모든 정보가 공개되고 모든 사람들이 마음만 먹으면 모든 고급 정보를 쉽게 구

경쟁의 정수와 꼼수

할 수 있는 시대가 됐다. 그래서 21세기를 글로벌 무한경쟁의 시대라고 부르기도 한다. 또 어제의 1등이 오늘의 꼴등이 되고 오늘의 꼴등이 내일의 일등으로 등극하는 시대가 됐다. 그야말로 승부를 예측할 수 없는 경쟁이 이곳저곳에서 치열하게 벌어지고 있다. 또 과거 왕이 아니면 배울 수 없었던 지식들도 이제는 모든 사람들이 접하는 시대가 됐고, 특정 계층이나 고수의 반열에 오른 사람들에게만 극비리에 전수되고 노하우로 칭해서 자자손손 가풍으로 이어 오던 시대도 지났다. 이제는 모든 사람들이 고급 지식을 배울 수 있고 고수만 아는 고급 기술을 일반인들도 마음만 먹으면 쉽게 접할 수 있는 시대가 됐다. 그야말로 경쟁의 영역도 넓어지고 경쟁해야 하는 사람들도 대폭 증가했다. 이러한 글로벌 무한경쟁의 시대에 모든 경쟁에서 이긴다고 하는 것은 확률적으로 지극히 낮다. 어쩌면 경쟁에서 이겨도 개운하지 않은 승리이고, 경쟁에서 패배해도 언제든지 승리의 기회를 엿볼 수 있는 시대가 됐다. 그러므로 모든 경쟁에서 이겨야 한다는 마음은 버려야 한다. 모든 경쟁에서 이겨야 한다는 생각을 가지면 무모한 곳에 힘을 낭비하게 된다. 그러므로 이겨도 별 실익이 없는 경쟁은 고의로 져 주는 것도 미래를 위해서 좋은 경쟁 전략이다.

이 세상의 삶의 이치는 하나를 얻으며 하나를 잃게 되어 있다. 모든 경우의 수에서 모두 얻는 경우도 없고, 계속해서 모두 잃는 경우도 없다. 《주역》에 음이 득세하는 시기가 있고 양이 득세하는 시기가 있으며, 계속해서 맑은 날만 계속되지 않고, 폭풍우도 계속해서 이어질 수 없다는 말이 있듯이 세상은 늘 변하고 있다. 그러므로 경쟁의 결과도 세상이 변하듯이 모두 변한다는 생각을 가져야 한다.

모든 경쟁에서 이길 수는 없다는 생각을 가지면 한편으로는 경쟁에 임하는 마음이 편해진다. 그렇다고 해서 경쟁을 할 때 이기려고 하지 말라는 말은 아니다. 경쟁은 이기려는 마음으로 임하되 경쟁의 결과에 너무 연연하지 말고, 좋지 않은 결과가 나와도 크게 낙담하지 말아야 한다. 경쟁을 하노라면 운이 따르지 않아, 혹은 극히 사소한 실수로 인해 경쟁에서 패하는 경우도 있다. 또 모든 경쟁에서 이기려는 마음을 가지면 승리에 편중된 사고로 인해 다른 생각을 하지 못하게 되고 상대방을 염두에 두지 않고 무리하게 앞만 보고 달려가는 상황이 발생한다. 그러므로 경쟁에 임할 때에는 경쟁을 통해 한 수 배운다는 생각으로 임해야 한다. 또 자기가 가진 재능과 능력을 최대한 발휘하여 경쟁에 임하되 승부에 집착하지 않고 정성을 다해 최선을 다하며, 결과는 하늘에 맡긴다는 생각으로 경쟁에 임하는 것이 바람직하다.

18. 비교 열위를 느끼게 한다

경쟁에서 우위를 차지하기 위해서는 다방면에서 경쟁 상대보다 비교 우위에 있어야 한다. 하지만 전문화되고 세분화된 요즘에는 모든 방면에 걸쳐 경쟁 상대보다 우위에 있을 수는 없다. 경쟁 상대보다 훨씬 앞선 분야가 있는 경우가 있고, 턱없이 부족한 분야가 있을 수 있다. 문제는 경쟁 상대가 잘하는 분야는 피하고 자기가 잘하는 분야를 경쟁의 무대에 올려야 한다. 또 경우에 따라서는 경쟁의 무대가 경쟁 상대에게 불리한 환경과 여건이 되도록 만들어야 한다.

일례로, 호랑이와 대적하기 위해서는 호랑이를 산에서 내려오게 만들어야 하는 것처럼 경쟁 상대를 비교 열위의 환경과 여건에서 경쟁을 하도록 경쟁의 판을 만들어야 한다. 실제로 경쟁 상대가 외국어 회화 능력이 부족하다면 외국어를 하는 외국인과 함께 하면서 대화하는 자리를 마련하고, 경쟁 상대가 골프를 못할 경우에는 스크린 골프를 하면서 친목의 회합을 갖는다. 또 경쟁 상대가 술에 약하면 술자리를 자주 갖고, 경쟁 상대가 축구를 못할 경우에는 축구를 통해 친목을 다지는 시간을 많이 갖는다. 이렇게 함으로써 경쟁 상대가 스스로 열등감을 갖게 하는 것이 좋다. 한마디로 말해서 경쟁의 초반 기선을 제압해야 한다. 그러기 위해서는 경쟁 상대가 파고들 틈이 없는 경쟁의 환경과 여건을 조성해야 한다. 또 경쟁 상대가 잘하는 분야가 있다면 그 분야의 경쟁 상대보다 더욱 월등한 실력을 지닌 사람이나 해당 분야의 최고 전문가를 동참시켜 경쟁 상대의 기를 꺾어 놓는 것이 좋다. 경쟁 상대보다 더 강한 상대를 합류시켜 경쟁 상대가 무리 중에서 가장 강한 것이 아니라는 것을 느끼게 함으로써, 경쟁 상대가 함부로 날뛰지 못 하게 해야 한다. 이유야 어떠하든 경쟁 상대가 스포트라이트를 받지 못하도록 해야 한다.

결론적으로 말해서, 경쟁 상대가 잘하는 분야에서는 경쟁 상대보다 더 실력이 뛰어나고 전문성이 높은 사람을 동참시키고, 경쟁 상대가 못하는 분야를 집중 공략해서 경쟁 상대가 비교 열위에 놓이도록 해야 한다.

흔히 불공정한 경쟁을 기울어진 운동장에 비유를 하는데 이 꼼수는 경쟁의 판이 자기에게 유리하고 경쟁 상대에게 불리한 환경에서 경쟁을 한다는 측면에서 볼 때 기울어진 운동장에서 하는 경쟁이다. 이 꼼수를 활용할 때 특히 주의해야 하는 사항이 있다면 경쟁 상대로 하여금 그러한 것을 눈치채지 못하도록 해야 한다. 그래서 단순히 경쟁 상대만을 대상으로 하지 않고 조직원 전원이 참여하게 해서 경쟁 상대를 특정해서 하는 것이 아니라는 것을 부각시켜야 한다. 또 경쟁의 결과 종합 판정은 조직 단위로 하되 승리를 했을 때에는 경쟁 상대로 하여금 스스로 개인의 실력 부족으로 승리에 그다지 크게 기여를 하지 못했고 패배를 했을 때에는 경쟁 상대의 실력 부족이 가장 큰 원인이 된 것 같이 유도하면 된다.

특별히 경쟁 상대와 세대 차이가 난다면 세대별 좋아하고 싫어하는 것, 혹은 선호하거나 선호하지 않는 분야를 택해서 연령대별 차이가 있는 사항을 토대로 경쟁의 판을 벌리면 된다. 일례로, 연령대가 높으면 가급적 젊은 세대가 즐기는 것들로 경쟁의 판을 만들고, 연령대가 낮으면 가급적이면 연령대가 높은 사람이 즐기는 것들을 경쟁의 판에 올리면 된다. 또

한 은어나 용어 등도 나이별 다르다는 점을 생각해서 그 점을 최대한 활용하되, 자기보다 연령대가 높은 경쟁 상대를 대적할 때에는 기본적으로 아랫사람으로서 윗사람을 대하는 데 한 치의 그릇됨이 없도록 올바른 태도를 보여야 한다. 그러한 가운데에서 나이가 많은 경쟁 상대가 방심하거나 자기와 전혀 경쟁을 하지 않는다는 느낌을 갖고 있는 틈을 이용하여 경쟁 상대를 비교 열위의 경쟁의 판에 올려야 한다. 이때 역시 경쟁 상대는 싫어하는 것이지만 모두가 좋아하는 것, 경쟁 상대는 즐기지 못하지만 모든 사람들이 즐겨하는 것 등으로 판을 벌리되, 경쟁 상대를 겨냥해서 하는 것이 아니라는 점을 느끼도록 하는 것이 중요하다.

19. 이성으로 경쟁한다

경쟁은 이성적으로 접근해야 승리할 확률이 높다. 경쟁을 할 때 감정이 개입되면 자기도 모르게 경쟁으로 인해 많은 스트레스를 받게 된다. 왜냐하면 모든 경쟁이 자기 전략과 자기가 마음먹은 대로 흘러가는 경우가 별로 없기 때문이다. 제아무리 경쟁 상대가 힘이 없어도 경쟁 상대에게도 단 한방의 필살기가 있기 마련이다. 그러므로 경쟁을 할 때에는 경쟁 상대가 제아무리 약하고 자기가 힘이 강하다고 해도 결코 방심하지 말아야 한다.

경쟁에 감정이 개입되었다는 것은 경쟁의 업(業)에 대한 것보다 경쟁자인 사람 그 자체에 무게중심이 쏠린 것이다. 그래서 경쟁을 해야 하는 업에 집중하지 못하고 경쟁 상대에 집중하게 되어 사람으로 인한 갈등의 골이 깊어지고 이로 인해 심적으로 심한 스트레스를 겪게 된다. 죄는 미워해도 사람은 미워하지 말라는 말이 있듯이 사람 자체에 집중하게 되면 경쟁의 본질에서 벗어나 사람에 대한 감정이 개입되게 된다. 그러므로 경쟁을 할 때에는 감정이 개입되지 않도록 경쟁 그 자체에 집중해야 한다. 일례로 직장에서 승진을 하기 위해 동료와 경쟁을 할 때에도 일의 성과를 올려서 승진의 자리를 차지하는 것에 집중해야 한다. 그렇지 않고 직장 동료에게 집중하다 보면 그 사람이 미워지고 결국에는 경쟁의 승패를 떠나 승진 경쟁 때문에 직장 동료를 잃게 되는 우를 범하게 된다. 이렇듯 경쟁 상대에게 집중하다 보면 경쟁의 본질에서 벗어나 경쟁 상대를 무너뜨려야 한다는 복수심이 생기게 되고, 경쟁 상대가 하는 행동 하나하나에 온통 신경을 집중하게 된다. 그래서 경쟁 상대가 자기에게 좋은 말을 해도 오해를 하는 등 경쟁 상대가 하는 모든 행동거지를 색안경을 쓰고 바라보게 된다.

흔히 선의의 경쟁이라고 하는 경쟁의 내면에는 경쟁 상대가 아닌 경쟁의 주체가 되는 업에 집중된 경쟁을 의미하는데 그런 경쟁을 해야 한다. 축구를 통해 경쟁을 하면 축구 자체에 집중해야 하고, 양궁을 통해 경쟁을 하면 양궁 자체에 집중해야 한다. 즉 축구를 통해 경쟁을 하면 축구 실력을 기르는 데 힘써야 하고, 양궁을 통해 경쟁을 하면 양궁 실력을 기르는 데 힘써야 한다. 그렇지 않고 축구 선수나 양궁 선수 등 사람에 집중을 하게 되면 축구나 양궁과는 전혀 무관한 일로 인해 무모하게 힘을 낭비하게 된다. 그런 경쟁은 승리를 한다고 해도 크게 남는 것이 없다. 그러므로 경쟁을 할 때에는 감정이 개입될 여지가 없이 온전히 경쟁의 업에 집중해야 한다. 경쟁의 업에 집중하다 보면 경쟁 상대가 경쟁 대상으로 보이는 것이 아니라 자기 성장과 발전에 도움을 주는 협력자로 보이게 된다. 또 어떻게 하면 경쟁의 업에 따른 실력을 더 키울 수 있고, 어떻게 해야 경쟁 상대를 능가하는 실력을 갖출 수 있을 것인가에 대한 측면에 집중하게 된다. 물론 경쟁을 하다 보면 제아무리 이성적으로 경쟁을 하려고 해도 경쟁 상대가 조금만 부정한 방법을 쓰면 격하게 감정적으로 대응하게 되는 상황이 발생되기도 한다. 그런 경우에도 감정이 개입되지 않도록 평소에 자기 절제 능력을 길러야 한다.

대부분 이성적으로 경쟁을 하다가 감정이 개입되는 경우에는 자기가 궁지에 몰리거나 경쟁 상대가 자기와는 달리 감정적으로 경쟁에 임할 때이다. 평상시에는 이성적으로 경쟁을 하다가도 그런 상황에 처하게 되면 본능적으로 자기 역시 감정적으로 대하게 된다. 하지만 경쟁의 고수는 경쟁 상대가 제아무리 감정을 건드려도 결코 감정적으로 대응하지 않고 오히려 이성적으로 대응해서 상대방의 감정을 더욱 격하게 유도한다. 왜냐하면 경쟁의 고수들은 감정이 개입되면 그 경쟁은 십중팔구 패배할 것이라는 것을 알고 있기 때문이다. 그래서 일부러 고의적으로 상대방의 감정을 건드려서 상대방이 온전히 이성적으로 경쟁에 임하지 못하도록 한다. 이처럼 상대방의 감정을 격하게 요동치게 하고 자기는 웃는 표정을 지으면서 그저 아무 일도 아니라는 모습으로 오히려 태연한 태도를 보이는 사람이 진정한 경쟁의 고수이다.

20. 이익은 아낌없이 나눈다

경쟁의 승리로 얻은 성과물을 주변 사람들에게 아낌없이 나누면 다음 경쟁에서 유리한 고지를 선점할 수 있다. 그렇지 않고 경쟁의 성과물을 독식하면 주변 사람들에게 신망을 잃게 되고 그간 자기에게 도움을 준 사람들이 거리를 두게 된다. 초한 전쟁에서 유방이 전쟁으로 인해 얻을 포획물을 부하들에게 아낌없이 나눠 준 반면, 항우의 경우에는 전쟁에서 얻은 포획물을 자기가 독차지했다. 이로 인해 항우의 부하들은 유방의 부하가 되기를 원했다. 또 몽골 초원을 통일한 태무진의 경우에도 전쟁의 승리로 인해 얻은 포획물을 부하들에게 아낌없이 나눠주었다. 이때 포획물을 나눌 때는 전공에 기여한 부분을 세세하게 따져서 공평하게 배분하는 것이 후폭풍이 적다.

대개의 경우 포상을 받으면 명분은 조직의 수장이 가져가되 포상금은 조직원들에게 아낌없이 나누는 리더가 진정한 리더라고 말을 하는데 경쟁의 성과물 배분도 그래야 한다. 아울러 공을 세웠으면 뒤로 물러나야 한다는 말이 있듯이 전공을 세웠다면 그 전공을 드러내거나 과시할 것이 아니라 조용히 그 전공에서 멀어지려고 애써야 한다.

중국 역사를 보면 전공을 세웠다고 그 전공에 걸맞은 대우를 받으려고 하는 사람은 오히려 사후에 불행을 맞았다. 유방을 도와 한나라 건국에 기여했던 장자방과 한신의 경우, 장자방은 공을 세운 후 정계에서 은퇴하여 은둔 생활을 한 반면, 한신은 그가 세운 공이 있기에 그에 합당한 대우를 받아야 한다고 생각했다. 하지만 결국에는 반역죄라는 누명을 뒤집어썼으며, 토사구팽이라는 유명한 일화를 남기고 역사의 뒤안길로 사라졌다. 그러므로 경쟁의 승리로 인해 얻은 성과물을 주변 사람들에게 나누고, 공을 세운 연후에 그 전공에 맞은 대우를 받으려고 하지 않는 것이 지혜로운 처사이다. 물론 경우에 따라서는 주변 상황을 고려해서 뒷전으로 물러나는 것이 여러 방면을 고려해 볼 때 득보다는 실이 많을 수도 있다. 그럼에도 불구하고 장기적인 차원에서 자기의 입장에서 유불리를 따지기보다는 상대방 입장에서 유불리를 따져서 상대방을 배려하고 다수의 사람들에게 득이 된다면 기꺼이 손해를 감수하고 기득권을 과감히 내려놓아야 한다.

노자는 《도덕경》에서 바다가 계곡의 왕이 될 수 있는 것은 모든 것을 포용할 수 있고, 높은 산이 명산이 되고 골짜기의 왕이 될 수 있는 것은 듬직하고 묵묵하게 그 자리를 지켰기 때문이라고 말한다. 그렇다고 해서 모든 경우에 상대방에게 양보를 하는 것은 바람직하지 않다. 성과물을 나누고 전공을 다른 사람의 덕으로 돌리는 것도 좋지만 자기의 향후 경쟁의 기반이 되는 실력이나 노하우 등을 상대방에게 투명하게 오픈하는 것은 바람직하지 않다. 그렇다. 자기가 가진 특화된 경쟁력이나 다른 사람과 차별화된 경쟁력은 가지고 있어야 하며, 다른 사람과 차별화된 경쟁력의 원천이 되는 자기만의 특화된 기술은 상대방에게 공유하지 말아야 한다. 그렇지 않고, 자기가 가진 자기만의 특별한 재능이나 다른 사람과 차별화된 특별한 재능을 무조건 다른 사람들에게 투명하게 공개하는 것은 득보다 실이 많다. 물론 다른 사람이 섣불리 따라할 수 없는 특별한 재능은 공개를 해도 다른 사람이 쉽게 따라할 수 없다는 점과 일정한 수준에 이르기 위해서는 상당한 기일이 소요된다는 측면에서 굳이 감추고 있는 것이 능사는 아니다. 왜냐하면 배우고 익힌 것은 다른 사람과 나눌수록 더욱 깊어지고 넓어지며 높아지기 때문이다.

21. 필살기를 기른다

경쟁에서 주도권을 잡거나 경쟁자를 자기 페이스로 조정하기 위해서는 경쟁자가 필요로 하는 자기만의 필살기를 보유하고 있어야 한다. 그 필살기가 경쟁자가 현재 보유하고 싶어 하는 것이거나 시간이 흐를수록 경쟁자에게 꼭 필요한 것일수록 그 효과가 크다. 마치 숨을 쉬지 못하는 상태에서 시간이 흐르면 흐를수록 산소를 필요로 하듯이 필살기는 시간이 흐를수록 경쟁자가 간절히 보유하기를 원하는 것일수록 그 효과가 크다.

일반적으로 사람들은 자기가 필요로 하는 것을 갖고 있는 사람을 부러워하는 경향이 있다. 일례로 사람은 자기보다 돈이 두 배가 많은 이를 시기하고, 백 배가 많으면 그의 노예가 되는 것을 마다하지 않는다. 이처럼 사람은 자기가 필요로 하는 것을 보유한 사람의 말에 순종하는 경향을 보인다. 그러므로 경쟁에 임했다면 진정 경쟁자가 필요로 하는 것이 무엇이고 경쟁자가 어디에 관심이 있는지를 아는 것이 무척 중요하다. 그래서 경쟁자가 자본 부족으로 허덕이고 있다면 자본을 이용하여 경쟁자를 자기편으로 만들고 경쟁자를 자기의 영향력 아래 두면 된다. 또 경쟁자가 권력이나 명예를 필요로 한다면 권력이나 명예를 어느 정도 부여할 수 있을 정도의 역량을 보유하고 있어야 한다. 그래서 필요한 경우에는 경쟁자를 유혹하는 미끼로 활용할 수 있어야 하고, 그것으로 경쟁자의 허점을 공략할 정도가 되어야 한다.

경쟁 과정에서 가장 필요로 하는 것은 자본과 권력이다. 그래서 자본과 권력을 보유하고 있으면 모든 경쟁에서 우위를 차지할 수 있다. 왜냐하면 대부분의 경쟁은 자본과 권력의 부족에서 생기기 때문이다. 또 경쟁자들이 보유하고 싶어 하는 것은 전문성이다. 일반 사람들이 쉽게 따라 할 수 없을 정도의 노하우나 전문성을 지닌다면 경쟁의 우위를 확보할 수 있다. 그래서 해당 분야로 경쟁자를 유인하여 자기가 가진 전문성으로 경쟁자를 곤경에 처하게 할 수도 있고 경우에 따라서는 경쟁자가 일정 수준에 오를 때까지 지도를 하면서 경쟁자를 자기 영향력 안에 둘 수가 있다. 경쟁자가 자기에게 손을 벌릴 수밖에 없는 경쟁이나 굳이 경쟁을 하지 않아도 시간이 지나면 경쟁자가 스스로 백기를 드는 경쟁보다 더 좋은 경쟁은 없다. 그야말로 싸우지 않고 승리를 거머쥐게 된다. 그러한 필살기를 보유하지 않은 상태에서 경쟁을 하면 경쟁의 주도권을 빼앗길 수 있고, 경쟁자의 리드에 끌려갈 수밖에 없다.

만약 자기가 경쟁자를 위협할 수 있는 필살기를 지니고 있지 않다면 경쟁자가 보유하고 있는 필살기에 준하는 역량을 가진 사람을 뒷배로 두면 된다. 또 경쟁자가 필살기를 사용할 수 없도록 룰을 정하면 된다. 만약 경쟁자가 핵무기급에 준하는 필살기로 힘이 약한 자기를 공략할 때에는 자기와 우호적인 관계를 맺고 있는 사람 중 그에 대적할 필살기를 보유한 사람이 대적할 수 있게 하는 것도 필요하다. 아울러 자기에게 도움을 주는 사람이 언제든 경쟁 상대의 편에 설 수도 있다는 점을 고려하여, 필요하다면 경쟁자가 필살기를 쓸 겨를이 없는 속도로 결판을 보는 것이 필요하다. 또, 경쟁자가 가지고 싶어 하는 필살기를 보유하고 있으면 그 보유 능력이 경쟁에 여유를 가져다준다. 아울러 그 여유로 경쟁 상대의 동태를 살펴서 그 필살기를 결정적인 순간에 사용하는 것이 바람직하다. 이 경우 경쟁 상대로 하여금 자기가 경쟁자를 압박할 수 있는 필살기를 지녔다는 것을 숨기는 것이 좋으며, 경쟁자가 억지를 쓰거나 무모하게 경쟁을 하려고 할 때는 가차 없이 필살기를 이용하여 경쟁자를 무너뜨려야 한다.

일반적으로 지인들이 필요로 하는 것을 많이 보유한 사람이 인맥을 넓힐 수 있듯이 경쟁자가 필요로 하는 것을 많이 보유한 사람이 경쟁에서 우위를 차지할 수 있다. 비근한 예로 결정적인 순간 단 한 방에 상대방을 K.O.시킬 수 있는 강력한 펀치를 보유한 사람은 상대방의 잦은 펀치에 주눅이 들지 않는다. 이와 마찬가지로 마음만 먹으면 언제든지 경쟁자를 자기 마음대로 컨트롤할 수 있는 역량을 지닌 사람은 크게 스트레스를 받지 않고 여유 있게 경쟁 자체를 즐긴다. 그러므로 경쟁에 임하기 전에 경쟁자가 필요로 하는 것을 많이 보유하고 있어야 하고, 필요에 따라서는 결정적인 순간에 경쟁자가 스스로 백기를 들 수 있게 하는 필살기를 내보여야 한다.

22. 기선을 제압한다

정치나 정쟁을 일삼는 사람들의 공통점 중 하나는 말을 잘한다는 것이다. 공자는 말을 잘한다는 것은 해야 하는 말은 하고 하지 말아야 하는 말을 하지 않는 것이라고 하는데, 대부분의 사람들은 구구절절 청산유수처럼 말을 매끄럽게 하는 사람을 말을 잘하는 사람이라고 칭한다. 물론 쓸모없는 말을 많이 해서 수다를 떠는 사람을 말을 잘한다고 하지는 않는다. 앞서 정치나 정쟁을 일삼는 사람들이 말을 잘한다는 것은 주어진 논제에 대해서 청중이 이해하기 쉽게 말하고 언변이 능수능란하다는 것을 일컫는다.

이와 마찬가지로 경쟁에서 경쟁의 주도권을 잡기 위해서는 기본적으로 어느 정도 화술이 능통해야 한다. 웅변은 은이고 침묵은 금이라고 해서 경쟁을 하면서 자기의 속내를 드러내지 않고 침묵을 고수하는 것이 능사는 아니다. 물론 노자의 《도덕경》에 말하듯이 말이 많으면 궁색해지거나 실언을 하게 된다는 말이 있듯이 말이 많은 것이 절대적으로 유리하지는 않다. 하지만 경쟁에서 주도권을 잡기 위해서는 우선적으로 언변이 좋아야 한다. 흔히 말발이 유별나게 강한 사람과 경쟁을 회피하려고 하는 것은 말에서 밀리면 경쟁에서 밀릴 확률이 높기 때문이다.

경우에 따라서는 말을 하지 않고 경쟁 상대가 하는 말을 유심히 경청하여 말의 틈새를 노려 말을 잘하는 경쟁 상대를 궁지로 내몰 수 있다는 측면에서 경청을 잘하는 것 역시 매우 중요하다. 제일 이상적인 경우는 하고 싶은 말을 할 때 다른 사람이 이해하기 쉽게 말을 잘하면서 상대방이 하는 말을 맥락적으로 경청할 수 있는 두 가지 역량을 다 갖추는 것이다. 그러기 위해서는 평소 다양한 정보를 통해 다양한 방면에 관한 지식과 정보를 알아야 하고, 논리 정연하게 자기가 하고자 하는 말을 할 수 있을 정도의 웅변술과 분위기에 따라 말의 강약이나 속도 등을 자유자재로 구사할 수 있는 말 기술을 지녀야 한다. 이에 더하여 말을 잘하기 위해서는 다양한 분야의 책을 많이 읽어야 하고, 같은 말도 듣는 사람이 쉽게 이해할 수 있도록 논리 정연하게 표현할 수 있는 화술도 지녀야 한다.

간혹 경쟁에서 주도권을 잡기 위해 목소리를 크게 하는 사람이 있는데 목소리를 크게 하면 오히려 상대방의 마음을 불안하게 하거나 감정을 건드려서 경쟁의 분위기를 나쁘게 하는 결과가 파생되기도 한다. 그러므로 말을 잘하기 위해서는 말을 잘하는 사람을 벤치마킹하여 말을 잘하는 사람은 어떻게 말을 하는지에 대해서 연구하고 궁리를 해봐야 한다. 또 사람들과 만나서 이야기를 할 때 말을 하는 연습을 많이 하는 것이 말을 잘할 수 있는 비결이다.

그렇다면 말도 잘하고 남의 말을 맥락적으로 경청하는 사람과 경쟁을 할 때 어떻게 하는 것이 유리할까? 경쟁 상대가 말도 잘하고 경청도 잘하는 사람이라면 가능한 한 직간접적으로 대화를 나누는 기회를 많이 갖지 않는 것이 실익이 크다.

말이 씨가 된다는 말의 의미에는 말하는 대로 이뤄진다는 의미를 담고 있다. 또 말이 씨가 되어 사람의 마음을 움직이고 그 마음이 움직여 행동에 변화를 초래하는 열매를 맺게 된다는 의미가 함축되어 있다. 또 말을 신중하게 가려서 해야 한다는 의미와 모든 상황이 일어나는 근본적인 씨앗이 말이라는 의미가 내포되어 있다. 그래서 말을 못 하는 사람이 말을 잘하는 경쟁 상대의 말을 듣게 되면 그 말로 인해 자기 마음에 변화가 생기게 되고, 심리적으로 갈등이 쌓이게 된다. 전혀 신경을 쓰지 않는다고 말을 하는 사람도 계속 반복해서 말을 잘하는 경쟁 상대의 말을 듣게 되면 자기도 모르게 경쟁 상대의 말을 사실로 받아들이게 되고 경쟁 상대의 말에 유혹되어 경쟁 상대가 원하는 방향으로 행동하게 된다. 그러므로 말을 잘하는 사람과 경쟁을 할 때는 그 사람의 말을 듣지 않는 것이 상책이다.

23. 더불어 함께 진화한다

경쟁 중 가장 이상적인 경쟁은 경쟁 상대를 통해 자기를 단련하고, 경쟁 상대와 함께 진화하는 경쟁이다. 대부분 경쟁에 임하는 사람들은 경쟁 상대를 이겨야 한다는 생각을 한다. 하지만 경쟁의 속성상 단 한 번으로 모든 것이 끝나는 것이 아니고, 계속해서 경쟁을 해야 한다는 점을 생각해서 가능하면 경쟁을 자기 성장의 기회로 삼는 것이 바람직하다. 그러기 위해서는 경쟁 상대를 짓밟고 무너뜨리기보다는 자기 성장의 파트너로 삼는다는 생각으로 경쟁에 임해야 한다. 나태하고 게으른 마음을 다잡아 주고 없던 힘이 생기게 하는 측면에서 볼 때 경쟁 상대는 자기 성장의 활력소이다. 아울러 경쟁 상대의 장단점과 자기의 장단점을 비교하여 경쟁 상대를 통해 배울 것은 배우고, 경쟁 상대의 강점을 벤치마킹하여 자기의 단점을 채우는 기회로 삼아야 한다.

경쟁 상대가 성장하면 자기 역시 경쟁 상대를 따라잡기 위해 혼신의 노력을 할 것이고, 자기가 진화하면 경쟁 상대 역시 새로운 진화를 모색하기 위해 분연히 노력할 것이다. 그런 과정이 지속되는 경쟁 프로세스를 갖고 있다면 좋은 경쟁을 하고 있다고 할 수 있다. 단순히 먹고 튀는 것처럼 1회성의 경쟁으로 모든 경쟁이 일단락되는 경쟁은 서로에게 심적인 상처만 줄 뿐이다. 물론 경쟁 상대가 지속 성장하거나 진화하지 않고 현실에 안주하며 매너리즘에 빠져 있다면 속히 경쟁을 마무리하고 다른 경쟁자와 경쟁해야 한다. 흔히 영원한 맞수이고 호적수라고 말을 하는데 그런 사람이 진정으로 좋은 경쟁자이다. 그래서 경쟁을 한다는 것은 자기 성장을 도모하는 것이고 지속적인 진화를 위한 삶의 무대를 조성한 것이라고 할 수 있다. 물론 경쟁 상대의 비열한 행동과 비도덕적인 행위로 인해 부정한 경쟁선상에 놓이는 경우도 있다. 하지만 그런 경쟁 역시 위기관리 차원에서 좋은 경험이라 생각하고, 그 상황을 지혜롭게 극복할 수 있는 노하우를 터득하는 기회로 삼는다면 경쟁을 통해 위기 대처 능력이 크게 향상될 것이다. 흔히 지식을 공유하면 공유할수록 더 많은 지식을 알게 되기에 배워서 남을 주어야 한다고 말한다. 이와 마찬가지로 경쟁 과정에서 경쟁 상대의 부족한 부분을 은밀하게 채워 주고 경쟁 상대가 곤궁에 처해 있을 때에는 도움의 손길을 보내는 것도 자기 성장에 도움이 된다. 마치 마라톤을 할 때 페이스메이커가 있을 때 더 좋은 기록을 달성할 수 있듯이 경쟁 상대를 자기 인생의 페이스메이커로 삼아 자기 인생의 진화를 도모하면 된다. 또 경쟁 상대의 입장에서 볼 때 경쟁 상대 역시 자기를 경쟁 대상으로 두면 자기 발전을 꾀할 수 있고 여러모로 자기에게 득이 된다고 생각하게 하는 것도 매우 중요하다. 왜냐하면 상호 성장과 지속적인 진화는 혼자가 아닌 경쟁 상대와 둘이 짝을 이뤄야 그 효과가 배가 되기 때문이다.

특별히 경쟁할 때 가장 피해야 하는 경쟁은 시간이 지나면 지날수록 서로에게 득보다 실이 많은 경쟁이다. 경쟁을 하면 할수록 금전적으로 막대한 손해를 보거나 불필요하게 시간을 낭비하고 있다면 승패를 운운하지 말고 즉각 경쟁에서 발을 빼는 것이 상책이다. 또 성격적으로 일단 시작하면 끝장을 보는 성정을 지녔다고 해도 둘 다 패배할 수밖에 없는 경쟁이라면 협상의 여지없이 즉시 발을 빼야 한다.

24. 끝까지 버티면 이긴다

끝까지 버티는 사람이 성공할 확률이 높다는 말이 있듯이 경쟁에서 승리하기 위해서는 어떤 경우에도 참고 견디며 기다릴 줄 알아야 한다. 여기서 기다린다는 의미에는 인내심을 가져야 한다는 말과 여유를 가져야 한다는 말이 복합적으로 함축되어 있다. 단순히 어려운 처지에 놓였을 때 이를 참고 기다리는 것이 능사가 아니다. 이에 더하여 참고 기다리면서 여유를 갖고 힘을 비축해야 한다.

경쟁에서 어려운 상황에 처하거나 패배의 위험에 처했을 때 기다려야 한다는 기다림에는 다음과 같은 네 가지 의미가 담겨 있다. 첫째, 경쟁에서 승리하는 데 도움을 주는 사람이 나타날 때까지의 기다림이다. 가장 이상적인 경우는 혼자의 힘으로 곤란한 상황에서 벗어나는 것이지만 경우에 따라서는 직간접적으로 자기를 밀어주는 사람이 많아야 한다. 둘째, 경쟁 상대가 제 풀에 지쳐서 더 이상 경쟁을 할 수 없는 상황에 처할 때까지 기다리는 기다림이다. 사람의 컨디션은 계속해서 동일한 상태를 유지하는 것이 아니라 시간의 변화와 함께 변하는 속성을 지녔다. 또 사람에 따라 낮에 강한 사람이 있고 밤에 강한 사람도 있다. 그러므로 상대방이 스스로 컨디션 악화로 악수를 두게 되는 상황에 이르기까지 기다리는 것이 상책이다. 셋째, 시간이 지나면 여건과 환경의 변화로 인해 경쟁의 승패를 따지는 기준이 바뀌는 경우도 있다. 오늘의 정답이 내일의 정답이 될 수 없듯이 오늘 경쟁의 승자에게 유리한 경쟁의 룰이 시간이 지나면 언젠가 자기에게 유리한 룰로 변경될 수 있기에 그에 따른 기다림의 시간을 갖는 것이 필요하다. 이처럼 기다림에는 시간이 담겨 있다. 그런 관점에서 볼 때 경쟁의 속도를 느리게 하는 것도 기다림의 일종이며, 도움을 주는 사람이 빨리 나타나도록 하는 것 역시 기다림이다. 그래서 기다림의 상황에 따라 시간의 속도를 빠르게 할지 아니면 느리게 할지를 판단하여 그에 맞는 템포로 경쟁에 임하는 것이 확률적으로 승리의 가능성이 높다. 마지막으로, 경쟁의 판도를 바꿀 수 있는 기적적인 순간이 올 때까지 기다릴 줄 아는 기다림이다. 가장 중요한 것은 이상과 같은 네 가지 상황에서 언제든 결정적인 순간에 경쟁 상대를 무너트릴 수 있는 한 방을 가지고 있어야 한다는 점이다. 그래서 그 한 방으로 앞서 말한 네 가지 기다림의 과정에서 경쟁 상대가 방심한 틈이나 경쟁 상대가 자기의 약점을 드러내는 순간에 전광석화처럼 공략하여 역전승을 거머쥐어야 한다.

경쟁의 끝은 없다. 하지만 경쟁을 포기하는 순간 언제든 끝이 난다. 그러므로 자의에 의해서 제아무리 곤궁하고 어려운 상황에 처했다고 해도 결코 중도에 포기하지 말고 기다릴 줄 알아야 한다. 강한 자가 오래 살아남는 것이 아니라 끝까지 살아남는 자가 진정으로 강한 자라는 생각을 가지고 기다리고 기다리자. 이에 더하여 서두르면 일을 망친다는 말이 있듯이 경쟁을 하면서 결코 서두르지 않는 것이 필요하다. 경쟁을 하면서 서두른다는 것은 이미 경쟁의 패배를 스스로 인정한 것과 진배없다. 대부분 성격적으로 성질이 급한 사람은 경쟁을 하는 과정에서 가급적 승부를 빨리 보기 위해 서두르는 경향이 있다. 또 경쟁의 과정이 길어지면 무리수를 두더라도 어떡하든 경쟁의 승패를 빨리 지으려고 하는 경향이 있다. 그러다 보니 수단과 방법을 가리지 않고 경우에 따라서는 부당하고 불법한 수단과 방법을 이용해서라도 조기에 경쟁을 마무리 지으려고 한다. 그래서 성격적으로 급한 사람들이 경쟁에서 패하는 경우가 많다. 더욱이 유리한 고지를 선점하고서도 속전속결로 경쟁의 승부를 보려고 하는 과정에서 자기 스스로 악수를 두는 경우가 많다.

참고로 경쟁의 우위를 확보하기 위한 세 가지 요소는 시간과 정보와 힘이다. 정보와 힘이 있다고 해도 시간이 촉박하다면 패배할 확률이 높다. 하지만 시간의 측면에서 여유가 있다면 경쟁에서 승리할 확률이 높다. 성격적으로 서두르거나 경쟁의 결과를 빨리 보려고 서두르는 것은 시간을 아끼는 것이 아니라 오히려 시간에 속박을 받는 것이라고 볼 수 있다. 그러므로 속전속결로 경쟁 상대를 공략해서 경쟁 상대를 궁지로 내모는 전략이 아니라면 서두르지 말고 차분히 기다리면서 경쟁 상대가 곤경에 처하거나 어려운 형국에 처할 때까지 기다리는 것이 상책이다. 분명히 때가 오기 마련이다. 그러므로 차분히 때를 기다리면서 절호의 기회가 오기를 기다리고 또 기다려야 한다. 그렇다. 기다리고 기다리면 분명히 기회의 때가 온다는 생각으로 숨을 죽이고 기다리는 것이 상책이다. 서두르지 않고 느릿느릿하게 기다리는 것 자체만으로 경쟁에서 반은 승리한 것이나 다름없다.

경쟁의 정수와 꼼수

25. 상상하면 이루어진다

생각하지 않으면 사는 대로 생각하게 된다는 말이 있듯이 경쟁을 할 때 미리 상상해서 경쟁에 임하지 않으면 경쟁하는 대로 생각하게 된다. 그러므로 경쟁에 임할 때에는 사전에 경쟁 과정에서 어떤 일이 발생하고, 또 예기치 않은 상황이 발생하면 어떻게 할 것인가에 대한 것에 대해 미리 상상하고 경쟁에 임해야 한다. 경쟁을 준비한다는 것은 경쟁에 필요한 자원과 물자를 준비하는 것은 물론 경쟁에 임하는 정신력을 강화하는 것이며, 최종적으로 경쟁에 임하기 직전 경쟁의 시작에서 종료 지점에 이르기까지 어떻게 경쟁할 것인가에 대해 상상을 하는 것이다. 여기서 상상을 한다는 것은 단순히 경쟁 과정을 머리로 그려보는 차원을 넘어 실제로 경쟁 상대와 경쟁을 하는 듯한 시뮬레이션을 하는 것을 의미한다. 마치 바둑의 수를 예측해 보는 것과 마찬가지로 경쟁의 과정을 상상해보고 자체 시나리오를 기획해서 경쟁에 임해야 한다.

모두가 함께하는 꿈은 이루어진다는 말은 모두가 상상하면 그 상상이 현실로 이루어진다는 말의 의미를 담고 있다. 이처럼 상상의 힘은 단순히 상상만으로 끝나지 않고 그것이 현실로 구현되는 경우가 많다. 생각하는 대로 이뤄지거나 말하는 대로 이뤄진다고 하는 말의 의미에도 상상의 힘이 현실을 담아내고 있다는 의미가 내포되어 있다. 그러므로 경쟁을 할 때는 사전 준비 단계에서 경쟁 과정에 대해 상상해야 하고, 경쟁을 하는 과정에서도 수시로 앞으로 어떤 일이 벌어질 것인가에 대해 끊임없이 상상하면서 그 상상 속에서 사전에 간접적으로 경쟁을 해봐야 한다. 그렇지 않고 닥치는 대로 즉각적으로 대응해도 충분히 승산이 있다는 생각으로 경쟁에 임하는 것은 패배를 안고 경쟁을 하는 것과 진배없다.

경쟁에 임하기 전에 상상하는 과정에서 제일 중요한 것은 경쟁 상대의 움직임을 미리 아는 것이다. 즉 자기의 공격에 대해 경쟁 상대가 어떻게 대응하고, 경쟁 상대는 어떤 형태로 자기를 공격을 할 것인가를 미리 예측해보는 것이다. 그래서 경쟁에 임하기 전에 상상한 것이 현실로 구현되는 확률을 높이기 위해서라도 경쟁자의 성향과 기질, 그리고 행동 패턴에 대한 사전 정보를 알아야 한다.

경쟁 상대에 대한 정보가 전무(全無)한 상태에서 경쟁의 과정을 상상하는 것은 수레바퀴의 축이 없는 상태에서 수레를 움직이려고 하는 것과 같다. 물론 경쟁 상대에 대해 많은 것을 알고 매우 세세하게 경쟁의 과정을 쪼개서 상상을 한다고 해서 그것이 현실로 100% 구현이 될 가능성은 그리 높지 않다. 왜냐하면 실제로 경쟁을 하다 보면 그간 상상으로 구현하지 못한 다양한 변수들이 많이 발생하기 때문이다. 그중 가장 경쟁의 결과에 영향을 주는 인자는 바로 상상에서 반영하지 않은 변수이다. 그러므로 가능한 한 상상을 할 때에는 경쟁 상대에 대한 것뿐 아니라 경쟁 상대의 주변 사람들과 경쟁을 하고 있는 각각의 환경과 여건 등을 감안하여 상상해야 한다. 또 필요하다면 경쟁 상대와 유사한 성향을 가진 사람과 직접 현실에서 리허설 차원의 경쟁을 하면서 앞서 말한 상상에서 누락된 변수를 찾는 것도 좋은 방법 중 하나이다.

26. 인맥이 승부를 가른다

경쟁의 주도권을 잡고 자기가 원하는 스타일로 경쟁을 하거나, 불리한 상황에서 외부에서 지원을 많이 받을 요량이면 평상시 자기 주변에 자기 편이 많아야 한다. 자기를 따르거나 성원해주는 사람이 많으면 많을수록 경쟁에서 승리할 확률이 높다. 비록 자기가 경쟁 상대와 비교하여 힘이 부족해도 필요하면 언제든 자기를 도와줄 사람이 있다면 그 부족분을 언제든 채울 수 있다. 경쟁의 성패를 좌우하는 그러한 인맥을 형성하기 위해서는 학연, 지연, 혈연으로 맺어진 인맥을 평상시 잘 관리해야 한다. 마치 전쟁에 대비해서 무기를 잘 다듬어 놓은 상태에서 전쟁이 발발하면 그 무기를 들고 전쟁에 나서듯이 평상시 인맥 관리를 잘해 두어야 한다. 그래서 언제 어느 때든 자기가 필요한 시점에 그 인맥을 활용할 정도가 되어야 한다. 제아무리 좋은 무기도 평상시 꾸준히 관리해 두지 않으면 녹슬기 마련이다. 이와 마찬가지로 혈연, 지연, 학연으로 맺어진 인맥이라고 해도 평소에 지속적으로 친교를 나누지 않으면 필요로 하는 시점에 그 인맥의 도움을 받기 어렵다. 그래서 멀리 있는 친척보다 가까이 있는 이웃이 더 낫다고 말한다. 제아무리 인맥이 두텁다고 해도 경쟁 상대 대비 열세를 만회하기 위해 주변 사람이 필요한 시점에 인맥을 동원할 수 없다면 무용지물이다. 물론 통신기술의 발달로 인해 SNS를 통한 교류를 실시간 나눌 수 있지만 직접적으로 대면해서 친밀한 관계를 형성하지 않으면 어려울 때 도움을 받을 수 있을 정도로 친분이 두터워지지 않는다. 그러므로 평소에 주기적이고 정기적으로 직접 대면 접촉하여 친분을 나누고 결속을 다져 놓아야 한다.

경쟁에 도움을 줄 수 있는 인맥을 형성할 수 있는 가장 좋은 기회는 자기가 리더나 고위공직자 등 많은 사람들에게 영향력을 발휘할 수 있는 위치에 있을 때이다. 또 부와 권력을 가지고 있을 때 인적자원을 많이 확보해 두어야 한다. 그런데 많은 사람들이 높은 자리에 오르거나 부와 권력을 잡으면 자기의 안위만 살필 뿐 주변 사람들을 잘 챙기지 않는다. 왜냐하면 주변에 사람을 두지 않아도 자기 혼자의 힘으로 충분히 경쟁을 하는 데 부족함이 없다고 착각하기 때문이다. 또 자기가 애써 힘을 쓰지 않아도 자연스럽게 자기 주변에 많은 사람들이 몰려들기 때문이다. 하지만 그런 인맥은 부와 권력을 놓는 순간 물거품처럼 사라지는 인맥이다. 그러므로 부와 권력을 보유해서 힘이 있는 상태에 있다면 만일의 사태를 대비해서 사적으로 주변 사람들과 친밀한 관계를 형성해야 한다. 어려울 때 도움을 주는 친구가 진정한 친구라는 말이 있듯이 자기가 부와 권력을 가지고 잘 나가고 있을 때 주변에 많은 사람을 확보해 두어야 그 인맥이 오래간다. 그러므로 필요에 따라서는 부와 권력을 가지고 있을 때 자기가 어려움에 봉착하면 도움을 줄 수 있는 사람인지의 여부를 분석하고 취사선택해서 친밀한 관계를 형성하는 것도 필요하다.

대부분 자기가 부와 권력을 가지고 있을 때에는 자기와 경쟁을 하려고 하는 사람들이 적다. 그것은 아마도 경쟁을 하려고 하는 사람의 입장에서는 부와 권력을 가지고 있는 사람이 그것을 잃어버릴 시기가 도래하기를 기다리고 있는 것인지도 모른다. 현실적으로 부와 권력을 가진 사람과 경쟁을 한다는 것이 역부족이라는 것을 알기에 몸을 낮추고 때가 오기를 기다리고 있는 것이다. 그때가 바로 부와 권력을 잃어버리고 이빨 빠진 호랑이가 되었을 때이다. 그 점을 인식하여 부와 권력을 잡고 있을 때 만약의 사태에 대비하여 자기를 도와줄 수 있는 사람들을 많이 포섭해 두는 것이 오래도록 경쟁의 주도권을 잡고 우위를 확보하는 길이다. 아울러, 제아무리 좋은 인맥을 형성하고 있다고 해도 계속해서 줄 수만은 없고, 계속해서 받을 수만은 없다. 일방적으로 계속해서 주고, 계속해서 받는 그런 관계는 오래가지 못한다. 그러므로 오래가는 인맥을 형성하기 위해서는 서로 주고받아야 하고, 가능한 한 상대방에게 줄 수 있는 것을 많이 확보해야 한다. 왜냐하면 다른 사람에게 줄 수 있는 것이 많으면 많을수록 그에 비례하여 자기 주변에 사람이 많이 몰리기 때문이다.

27. 도망도 경쟁의 기술이다

경쟁 과정에서 판세가 자기에게 불리하거나 현실에 닥친 상황이 자기에게 불리하게 흘러간다면 섣부르게 대적을 하려고 하기보다는 일단 도망치는 것이 상책이다. 또 경쟁 과정에서 경쟁에 따른 제반 환경이 자기에게 지극히 불리하거나 경쟁의 상황과 여건을 자기 의지대로 바꿀 수 없다는 생각이 들면 일단 경쟁의 판에서 멀리 도망치는 것이 상책이다. 특히 경쟁과정에서 경쟁 상대의 공격에 대해 방어할 수 없을 정도로 힘이 약하거나 계속해서 경쟁을 하다가는 현재 보유하고 있는 것도 경쟁 상대에게 빼앗길 우려가 있다면 쥐도 새도 모르게 빨리 경쟁의 판에서 도망쳐야 한다.

도망은 경쟁의 기술 중에서 제일 어렵고 힘든 기술이다. 왜냐하면 경쟁의 판에서 발을 빼더라도 언제 빼야 하며, 경쟁의 판에서 도망을 칠 때 어떻게 도망을 치는 것이 자기의 피해를 최소화할 수 있는가를 알고 도망을 쳐야 하기 때문이다. 또 자기가 도망을 칠 의사가 있다는 것을 경쟁 상대가 알 수 없게 해야 하기 때문에 더더욱 어려운 기술이다. 경쟁 상대의 입장에서는 자기의 경쟁 상대가 불리한 상황에 물리면 도망을 칠 것이라고 생각하기 때문에 도망치기 일보 직전에 더욱더 강한 기세로 공략을 해 올 것이다. 또 안전하게 도망칠 시간적인 여유를 주지 않고 속전속결로 쾌속하게 더욱 강한 기세로 공략을 할 것이라는 것은 불을 보듯 뻔하다. 그러므로 경쟁 과정에서 경쟁의 판에서 도망을 칠 의도가 있다면 그 의도를 경쟁 상대가 알 수 없도록 자기를 잘 위장해야 하며, 간헐적으로 경쟁 상대에게 대항하면서 경쟁 상대로 하여금 자기가 도망을 칠 의도가 전혀 없다고 느끼도록 하는 것이 매우 중요하다.

앞서 경쟁도 습관이라고 말을 했듯이 경쟁하는 사람은 경쟁에서 승리해도 경쟁을 멈추려고 하기보다는 더욱 경쟁을 가속시키는 경향이 있다. 경쟁이 습관으로 자리 잡아서 마음으로는 경쟁을 멈추려고 하지만 몸이 이를 따라주지 않는 것이다. 그렇지만 경쟁에서 승리해도 크게 이로울 것이 없다는 생각이 들면 그 경쟁의 판을 다른 사람에게 양도하거나 경쟁 상대에게 주도권을 넘겨주고 자기는 과감하게 발을 빼야 한다.

대부분의 사람들은 강자에게 빌붙기 마련이다. 그런 관점에서 볼 때 경쟁의 판에서 경쟁 상대에게 주도권을 내주거나 자기 혼자의 힘으로 경쟁의 판세를 뒤집을 힘이 없다면 경쟁을 그만두고 자기보다 강한 경쟁 상대의 편에 서야 한다. 즉 자기보다 강한 경쟁 상대와 친밀하게 지내는 것이 자기의 안위를 돌보는 것이라고 생각되면 비록 수치스럽고 자존심이 상하더라도 경쟁 상대와 친하게 지내야 한다. 그래서 새로이 자기에게 유리하도록 경쟁의 판을 조성하고 경쟁 상대의 약점을 찾아 공략해야 한다. 경쟁 상대의 입장에서 볼 때, 상대방이 완전히 경쟁의 판에서 물러났다고 생각하도록 백기를 들고 순순히 항복을 하는 태도를 보이는 위장 전술도 구사하는 것이 상책이다. 그렇지 않고 경쟁 상대의 기운이 강하고 경쟁의 판세가 경쟁 상대에게 유리하게 흘러가는데도 불구하고 이에 대해 저항을 하는 것은 기사회생이 불가능할 정도로 피해를 입을 수 있다. 그런 경우에는 일단 몸을 숨기고 줄행랑을 치는 것이 상책이다. 그런 연후에 다시금 힘을 모으고 경쟁의 판세가 자기에게 유리하게 바뀌는 흐름에 다시 모습을 드러내면 된다. 그러기 위해서는 경쟁의 흐름을 분석하는 눈과 경쟁의 판세를 예측하는 힘을 길러야 한다. 그 흐름과 판세를 예측하는 직관이나 통찰력을 가진 사람이 최후의 승자가 될 확률이 높다.

3장 :

경쟁의 꼼수

1. 키워드를 던진다

경쟁을 잘하는 사람은 자기가 불리한 상황에서 벗어나거나 경쟁의 주도권을 잡기 위해 키워드 정치를 자유자재로 구사한다. 키워드 정치는 상황을 반전시키거나 경쟁 상대를 혼란스럽게 하기 위해 경쟁 상대의 약점을 건드리는 핵심 키워드가 사람들의 입에 오르내리게 하는 정치이다. 이는 경쟁 상대가 두려움을 느끼거나 수치스러움을 느낄 수 있는 키워드를 자주 언급해서 경쟁 상대로 하여금 주눅 들게 하는 데 목적이 있다.

일례로 흡연자 대부분이 폐암이나 금연에 대한 키워드를 싫어하듯이 경쟁 상대가 싫어하는 키워드를 던져서 경쟁 상대의 마음을 혼란스럽게 하는 것이다. 이 키워드 정치는 경쟁 상대가 부끄럽게 생각하는 기억을 떠올리게 하는 마중물과 같은 역할을 한다. 또 경쟁 상대가 다른 사람들에게 알려지는 것을 꺼리는 일이 떠오르도록 경쟁 상대에게 자극을 준다. 특히 경쟁 상대의 기운이 너무 강해서 정정당당하게 정면 승부를 하기에는 자기의 힘이 역부족이거나 경쟁 상대의 기분을 일정 부분 저하시킬 필요가 있다고 생각된다면 그런 키워드를 내세워서 넌지시 경쟁 상대의 기분을 침울하게 하는 것이 좋다.

키워드 정치는 큰 비용이나 자원을 투입하지 않아도 되고, 단순히 말한마디로 경쟁의 판을 자기에게 유리하게 전환시킬 수 있다는 점에서 정치나 경쟁을 하는 사람들이 주로 사용하는 꼼수 중 하나이다. 만약의 경

경쟁의 정수와 꼼수

우 경쟁 상대가 자기의 심리를 불안하게 하기 위해서 앞서 말한 바와 같은 키워드 정치를 한다면 크게 반응을 보이지 말고 무관심과 무반응으로 일관하면 된다. 또 마치 자기와는 전혀 상관이 없는 듯이 허장성세의 태도로 대응하면 된다. 또 경쟁 상대가 민감하게 생각하는 단어로 역공을 가하거나 경쟁 상대가 제시하는 키워드에 편승하여 경쟁 상대가 궁지에 몰리도록 하는 것도 좋은 방법이다. 그럼에도 불구하고 계속해서 경쟁 상대가 자기의 심리 상태를 불안하게 하기 위해 키워드를 제시하면 일단 그 자리에서 벗어나는 것이 상책이다. 경쟁 상대의 입장에서 볼 때 경쟁 상대가 전혀 반응을 보이지 않으면 자연스럽게 그 키워드에 의한 정치를 접을 것이다.

이 꼼수가 효과를 발휘하기 위해서는 경쟁 과정에서 경쟁 상대가 최근 특별히 어떤 분야에 관심이 있고, 평소 어떤 분야에 관심을 가지고 있는지를 파악해서 그와 관련된 분야에서 도출된 키워드를 활용해야 한다. 또 경쟁 상대가 어떤 키워드를 제시하면 심적으로 불안해하는지 또 어떤 키워드를 제시하면 들뜬 기분을 유지하는지 등 경쟁 상대의 성향에 맞는 키워드를 사용하면 된다.

일반적으로 키워드 정치는 경쟁 상대를 공략하기 전에 상대의 관심을 다른 곳으로 돌려서 경쟁 상대로 하여금 미처 방비를 할 수 없도록 하는 데 사용하기도 한다. 동쪽을 공략한다는 소문을 내고 서쪽을 공격하듯이 경쟁 상대의 관심을 다른 곳으로 돌려서 기습 공략을 할 때 사용한다. 흔히 인사이동 시즌이 되면 수많은 가짜 정보가 난무하게 되는데 그러한 것 역시도 키워드 정치라고 할 수 있다.

2. 관심을 돌린다

꼼수의 대부분은 사람들의 관심을 다른 곳으로 돌려서 본질을 보지 못하도록 하는 것이다. 일반적으로 인간은 편향적 심리로 인해 어느 한곳에 관심을 갖게 되면 다른 곳에 관심을 갖지 않는 경향이 있다. 우스갯소리로 사랑에 빠지면 상대방에 대해서 눈에 콩깍지가 씌워졌다고 말을 하는데 바로 사람들이 주변의 다른 것을 볼 수 없도록 관심을 한곳에 쏟게 만드는 것이 관심 돌리기 꼼수 정치이다. 이 꼼수는 앞서 키워드 정치와 마찬가지로 경쟁 상대가 동쪽을 공격한다고 믿게 해 놓고 상대적으로 방비가 허술한 서쪽을 공격해서 경쟁 상대를 굴복시키는 술책이다. 여기서 관심을 갖게 한다는 것은 마음의 시선을 특정한 곳에 머물게 하는 것이다.

대부분의 사람들은 있는 사실을 있는 그대로 말해도 자기가 가진 지식과 경험으로 인해 각각 다르게 받아들인다. 특히 사람들은 사실 그대로를 받아들이기보다는 자기가 보고 싶어 하고 믿고 싶어 하는 쪽으로 보고 믿는다. 이를 선택적 지각이라고 한다. 수많은 군중 속에서 가장 먼저 보이는 사람은 자기가 잘 아는 사람이다. 또 무심코 길을 걷다가 아는 사람이 있으면 다시 한번 눈길이 가는 것도 그러한 이유 때문이다.

사람들은 어느 특정 대상에 호기심을 갖게 되면 그것에 관심을 갖게 되고, 그 관심에 기인하여 생각을 하게 되며, 그 생각에 기인하여 행동한다. 호기심이 관심을 부르고 관심이 생각하게 하며 그 생각으로 인해 행동하게 되는 것이 인간의 본능적인 행동 메커니즘이다. 그래서 행동을 바꾸게 하기 위해서는 생각이 바뀌도록 하고 생각이 바뀌게 하기 위해서는 관심 사항을 바꿔 주면 된다. 흔히 이슈를 이슈로 덮는다는 말을 하는데 그 역시도 관심 돌리기 꼼수에 상응하는 전술이다. 일례로 특정한 이슈를 덮기 위해 그보다 큰 다른 이슈를 만들어서 사람들의 관심을 돌리게 하는 것도 일련의 관심 돌리기 꼼수이다. 이 꼼수에 해당하는 신의 한 수는 바로 관심의 크기를 점점 크게 해서 평상시에는 아무렇지 않은 평범한 이슈를 매우 중요하고 아주 큰 이슈로 부각시키는 것이다. 평상시에는 전혀 문제될 것이 없고 크게 이슈가 되지 않는 이슈지만 사람들의 관심을 한곳에 쏠리게 하거나 사회 전반에 최대 이슈로 부각시켜 특별하게 집중적으로 관심이 쏠리게 하는 것이다. 이 역시도 관심 돌리기 꼼수의 최고 수준에 해당하는 전술이다.

관심 돌리기 꼼수에 당하지 않기 위해서는 첫째, 이슈가 터지면 그 이슈가 발생한 근원지는 어디이며 그 이슈로 인해 가장 큰 이익을 볼 사람은 누구이고 단체는 어떤 단체인지를 아는 것이다. 그래서 그에 따라 대응 전략을 수립해야 한다. 둘째, 다른 사람의 말이나 뉴스를 통해 정보를 구하지 말고 직접 자기가 보고 들어서 정보를 구해야 한다. 셋째, 자기 역시 경쟁 상대를 대상으로 가짜 정보를 파생시켜 경쟁 상대로 하여금 혼란에 빠지도록 동일한 전략을 구사해서 역공을 가해야 한다. 넷째, 경쟁 상대가 누구와 자주 어울리고 어느 곳에 자주 가며, 주로 어떤 것에 관심을 가지고 있는지를 아는 것이 매우 중요하다. 왜냐하면 가짜 뉴스나 관심 돌리기 이슈는 결국은 경쟁 상대가 아니면 경쟁 상대와 관련 있는 주변 사람들에게서 나올 확률이 높기 때문이다. 그래서 필요하다면 경쟁 상대와 어울리는 사람을 통해서 자기 역시 상대방에 대한 가짜 정보를 흘려 경쟁 상대가 혼란에 빠지도록 물타기 전략을 구사해야 한다. 다섯째 경쟁 상대를 조정하고 경쟁 상대에게 지침을 내리는 상위의 포식자가 누구인지를 알고 그 사람을 공략하면 된다.

3. 강자의 힘을 빌린다

경쟁 상대를 고를 때 자기와 상대방의 주어진 여건과 상황을 제대로 파악해서 경쟁을 해야 할 상대인지 아니면 경쟁을 하지 말아야 하는 상대인지를 잘 판단해야 한다. 객관적으로 보기에 전혀 상대가 되지 않는 사람과 경쟁을 하려고 하는 것은 스스로 자기를 사지로 내모는 형국과 같다. 물론 다윗과 골리앗의 싸움에서는 다윗이 골리앗의 약점을 파고들어서 승리를 하지만 그것은 현실에서는 일어나기 드문 기적 같은 일이다. 특히 돈과 권력을 동시에 잡고 있는 사람과는 경쟁을 하지 않는 것이 그나마 현상 유지라도 하는 길이다. 그런 사람과는 미운 사람에게 떡 하나 더 준다는 생각으로 심적으로는 미워도 외적으로는 내색을 하지 말고 우호적인 관계를 형성해야 한다. 사노라면 자기 마음에 전혀 들지 않는 사람과도 외적으로 친하게 지낼 필요가 있다.

자본주의 시대에는 자본이 힘이고 약이다. 가난은 임금님도 해결할 수 없다는 말의 의미에는 부자는 임금님도 하지 못하는 일도 할 수 있다는 의미가 담겨 있다. 즉 자본주의에서는 돈으로 모든 것을 해결할 수 있다. 권력을 유지하기 위해서 돈이 필요하고 돈으로 권력을 사는 세상이라는 점을 이해한다면 부와 권력을 가진 사람이 가진 유무형의 힘이 얼마나 강한지를 알게 될 것이다. 가장 좋은 방법은 조금은 비열하지만 그런 사람과 우호적인 관계를 맺고 자기의 안위를 돌보는 것이 최상이다. 여우가 호랑이의 권세를 등에 업고 의기양양해하는 것처럼 부와 권력을 가진 사람 편에 서서 그 사람의 비호 아래 일정 부분 자기의 안위를 돌보는 것이 지혜로운 처세이다.

경쟁의 본질은 자기의 안정을 도모하는 것이고 자기의 기득권을 잃지 않는 데 있다. 또 경쟁으로 인해 자기 삶에 불안정이 초래되고 자기가 가진 미미한 권리마저 박탈당하게 되는 결과가 초래되는 경쟁을 하지 않아야 하는 것이 본질이다. 그러므로 강한 사람이 오래 살아남는 것이 아니라 오래도록 살아남는 사람이 가장 강한 사람이라는 생각으로 일단은 오래도록 살아남을 수 있는 방안을 수립하는 것이 상책이다.

객관적으로 볼 때 결코 자기의 경쟁 상대가 아닌데 경쟁을 하는 이유 중 하나는 자기의 힘을 과시하고 싶은 자만에서 비롯된다. 특히 혈기 왕성한 젊은 시절에는 세상 무서울 것이 없다는 생각을 한다. 또 무엇이든 마음만 먹으면 할 것 같은 자신감이 무기인지라 부와 권력을 가진 사람과 경쟁해도 결코 열세라고 느끼지 않는다. 또 우공이산의 마음으로 끝까지 도전하면 언젠가는 부와 권력을 가진 사람을 이길 것이라고 착각한다. 하지만 우공이산은 고사성어에나 나오는 말이지 현실에서는 쉽게 일어나는 일이 아니다.

1층에서 사는 사람은 결코 10층에서 사는 사람이 보는 것을 다 볼 수 없다. 즉 자기가 부와 권력을 실제로 가져 보지 못한 사람은 부와 권력을 가진 사람이 갖고 있는 힘이 얼마나 강한지 모른다. 겉으로 보이는 힘이 전부가 아니다. 또 그 자리에 앉은 적이 없는 사람은 그 자리가 갖는 힘이 얼마나 강한지를 모른다. 그러므로 하늘을 이기기 위해 인간이 바벨탑을 쌓는 것과 같은 어리석은 경쟁은 하지 않은 것이 상책이다. 그럴 시간이

경쟁의 정수와 꼼수

나 여력이 있으면 자기 심신을 닦고 체력을 기르는 데 힘쓰는 것이 오히려 득이 된다. 아울러 부와 권력을 가진 사람과 우호적인 관계를 지속적으로 유지하기 위해서는 회색분자를 색출하려는 그들의 레이더망에 걸리지 않는 것이 필요하다. 그러기 위해서는 수시로 혹은 정기적으로 그 사람들에게 자기는 당신과 경쟁할 의지가 전혀 없으며, 당신이 돌봐 주지 않으면 허수아비에 불과하다는 신호를 계속해서 보내야 한다. 부와 권력을 가진 사람에게 수모를 당해도 이를 참고 견뎌 낸다면 이미 당신은 부와 권력을 가진 사람과의 경쟁에서 승리할 수 있는 발판을 마련한 것이라고 볼 수 있다.

4. 경쟁의 판을 흔든다

당나라 태종이 신하들에게 수성과 공성 중 어느 것이 더 어려운가를 물었다. 신하 위징은 공성보다 더 어려운 것은 수성이라고 했다. 그러면서 공성의 시대에는 무장들이 필요하지만 수성의 시대에는 문관들을 중용해야 한다고 말했다. 여기서 공성은 전쟁 상황을 말하고 수성은 평화 상황을 의미한다. 전쟁 상황에서는 싸워야 하기 때문에 군대를 이끌 무관을 중용해야 하고, 전쟁 없는 평화 상황에는 백성들을 다스려야 하기 때문에 문관을 중용해야 한다는 말이다. 마찬가지로 경쟁을 할 때와 하지 않을 때의 상황 역시 천지 차이다. 전쟁을 할 때 손에 창과 방패를 들었다면 전쟁을 하지 않을 때에는 농기구를 손에 들어야 하는 것처럼, 경쟁을 할 때와 하지 않을 때는 삶의 방식과 도구를 달리해야 한다. 필요하다면 자기가 살고 있는 삶의 공간과 자주 만나는 사람들의 인맥도 경쟁 상황에 맞게 바꿔줘야 한다.

삶의 방식과 언행 등 경쟁에 직간접적으로 영향을 주는 모든 인자에 대해서 경쟁에서 승리할 수 있는 환경을 조성하는 것이 중요하다. 또 경쟁을 할 때도 상대방에게 유리한 환경에서 경쟁을 하기보다는 자기에게 유리한 환경에서 경쟁해야 한다. 상대방이 힘을 못 쓰거나 상대방의 약점이 드러나는 환경, 그러면서도 자기가 힘을 가장 잘 쓸 수 있고 자기의 강점이 드러나는 환경에서 경쟁하는 것이 유리하다. 똥개도 자기 집 앞에서 싸우면 반은 먹고 간다는 말이 있듯이 자기가 유리한 환경에서 경쟁하면 승률을 대폭 올릴 수 있다. 아울러 자기가 불리한 환경에 놓이지 않도록 상대방의 유인술에 속지 말아야 한다. 상대방 역시 자기에게 유리한 환경에서 경쟁을 하려고 판을 벌릴 것이다. 그런 점을 숙지하고, 상대방으로 하여금 경쟁의 판이 자기가 유리한 환경이라고 착각이 들도록 하는 전략을 구사하는 것도 필요하다. 또 경쟁을 하게 되면 일정 부분 자기 혼자만의 자유로운 생활 공간에서 자기 생활을 규제하고 구속할 필요가 있다. 경쟁을 하면서 평소와 같은 생활 방식을 그대로 유지하는 것은 전쟁이 발발했는데 평소와 같이 생활하는 것과 같다. 전쟁이 발발하면 전시 상황에 맞는 법에 따라 생활해야 하고 일정 부분 자유가 억압되는 것을 감수해야 한다. 우리나라 속담에 자리를 보고 누워야 한다는 말이 있는데, 경쟁의 판이 자기에게 유리한 판인지 아니면 상대방에게 유리한 판인지를 보고 경쟁에 임해야 한다. 그것이 최소한 현상유지라도 하는 지혜로운 처사이다.

5. 가면을 쓴다

　소리장도(笑裏藏刀)라는 고사성어가 있다. 이 말은 웃음 속에 칼을 숨긴다는 말로 경쟁 상대에게 겉으로는 좋은 인상을 보이면서 속으로는 악의를 품고 있다는 뜻이다. 이 말은 당나라 고종이 측천무후를 황후로 삼을 때 가장 적극적으로 찬성을 해서 고종의 신임을 얻은 '이의부'라는 벼슬아치의 처세에서 비롯된 말이다. 그는 언제나 웃음을 짓고 서글서글한 태도로 사람들을 대할 때 겸손한 태도를 보였지만 가슴 속에는 이리 같은 사나움과 음험한 교활함을 감추고 생활을 했다. 그래서 그의 가면적인 인간성을 사람들은 웃음 속에 칼을 감추고 있는 사람이라고 말했다. 이와 유사한 말로 구밀복검(口蜜腹劍)이라는 말이 있다. 이 말은 입으로 내뱉은 말은 꿀과 같지만 뱃속에는 칼을 품고 있다는 말이다. 즉 자기의 진면목을 숨기고 웃음이라는 가면을 이용하여 경쟁 상대가 자기에 대해 경계심을 갖지 않도록 하는 꼼수이다. 경쟁 상대에게 웃는 모습을 보이면 상대가 자기에 대한 경계심을 허물게 된다. 그런 틈을 타서 경쟁 상대의 빈틈을 노리는 것이 소리장도에 버금가는 경쟁의 꼼수이다.

　복수를 갚기 위해 상대방의 대변까지 먹어가며 상대방의 총애를 얻으려 했던 부차의 경우도 웃음 속에 칼을 품은 행동이다. 경쟁 상대가 자기를 하대해도 결코 대항하지 않으며, 늘 겸손한 태도로 온전히 정성스럽게 섬기는 태도를 보이며 경쟁 상대의 두터운 신임을 얻는 것이 필요하다.

그러다가 자기에게 경쟁 상대를 이길 수 있는 힘이 있을 때나 혹은 경쟁 상대가 경계심을 풀고 무방비 상태로 있을 때 경쟁 상대를 공략해야 한다. 아울러 경쟁 상대가 스스로 실수해서 자기 스스로 무너질 수도 있다는 점을 고려하여, 자기의 역량이 경쟁 상대를 능가할 때까지 웃음 속에 숨겨진 칼을 사용하지 않는 것이 필요하다.

이 꼼수는 자기가 보유한 유무형의 역량이 경쟁 상대에 비해 턱없이 부족한 상태에 있거나 경쟁 상대가 자신에게 집중적인 경계심을 갖고 있을 때 쓰는 꼼수이다. 이와 유사하게 마음에는 악한 마음을 가지고 있을지라도 겉으로는 다른 사람들의 입에서 법이 없어도 살 수 있고 너무 착해서 큰일이라는 말이 나올 정도로 착한 사람 코스프레를 하는 것도 좋다. 또 조금만 건드려도 넘어질 정도로 연약하기 짝이 없는 사람이라는 인상을 풍기는 것도 좋은 방법이다. 또 자기의 이익보다는 남의 이익을 우선시하며 자기가 손해를 보더라도 다른 사람에게 싫은 소리를 단 한마디도 하지 않는 사람이라는 인상을 풍겨야 한다. 또 경쟁하는 것 자체를 무척 싫어하며 온전히 자기 일에 미쳐서 다른 사람과 경쟁하면서 머리 아프게 살려는 사람이 아니라 매우 단순한 사람이라는 인상을 풍긴다. 그러면서 속으로는 경쟁 상대를 무너뜨릴 전략을 세우고 그에 버금가는 힘을 기르기 위해 노력해야 한다.

사단에서 말하듯이 사람에게는 측은지심이 내재되어 있다. 그래서 유약하고 불쌍한 사람을 보면 측은한 마음이 들어서 그런 사람을 도와주고 싶어 하는 마음이 생긴다. 길거리에 앉아서 구걸하는 거지를 보고 도움을 주고 싶어 하고, 자연재해를 당한 사람에게 도움의 손길을 뻗치거나 상처 입은 사람을 돌보려고 하는 것은 측은지심에서 비롯된 인간의 본능이다. 그러한 측은지심의 본능을 이용하여 선거를 하는 사람들이 불쌍한 척을 하고, 눈물로 호소하며 표를 얻으려고 하는 것이다. 마찬가지로 경쟁 상대에게 측은지심의 동정심을 불러일으킬 정도로 유약한 모습을 보이거나 누군가 도와주지 않으면 금방이라도 무너질 것 같은 태도를 취하면 경쟁 상대가 경쟁의식을 잊고 도움의 손길을 보낼 것이다. 또 도움의 손길을 보내지 않더라도 최소한 경쟁의 적개심을 버리고 측은한 마음으로 대할 것이다. 그러한 점을 최대한 이용하여 은밀하게 경쟁력을 기르기 위해 노력하고, 다른 사람의 지원과 협조를 자기의 힘으로 비축해 두어야 한다. 그래서 경쟁 상대에게 대적할 수 있을 정도의 힘이 비축되었다면 과감히 경쟁 상대에게 출사표를 던지고 본격적으로 경쟁 모드에 돌입하여 승리를 거머쥐어야 한다. 그렇게 함으로써 경쟁 상대가 자기를 공략하지 못하게 하고, 다른 사람의 지원 협조를 얻어 비축한 힘으로 경쟁 상대를 대적한다면 능히 승리를 일굴 수 있을 것이다. 중요한 것은 경쟁 상대가 속을 정도를 넘어 자기 자신도 자기에게 속을 정도로 연기가 완벽해야 한다.

6. 높이 올렸다가 떨어뜨린다

칭찬은 고래도 춤추게 한다는 말이 있듯이 모든 사람은 다른 사람에게 칭찬을 받고 싶어 하는 나르시시즘의 본능이 있다. 남에게 잘 보이고 싶어 하고 남의 눈을 의식하는 것도 결국은 그런 연유이다. 남에게 인정받고 싶어 하는 욕구를 채워 주는 것 중 최상의 명약은 상대방을 칭찬하는 것이다. 경쟁자가 미워도 칭찬을 해 주는 것이 상대방과 경쟁을 하는 데 유리한 고지를 선점할 수 있는 비결 중 하나이다. 일반적으로 사람은 욕구가 충족되면 포만감을 느끼게 되며 그로 인해 평소와 다른 행동 양상을 보인다. 또 칭찬을 받으면 우쭐한 기분에 평소와 달리 과한 행동을 하고, 기분이 좋은 나머지 이성적으로 행동을 하지 않고 감정적으로 행동하는 경향이 있다. 또, 경쟁 상대를 칭찬하고 정성스러운 마음으로 대하면 상대방 입장에서는 자기가 무슨 대단한 사람인 양 착각하게 되고, 그로 인해 월권행위를 하거나 과한 자신감으로 인해 무리한 행동을 하게 된다.

상대방을 칭찬하거나 높여 줄 때에는 결정적인 상황에서 즉시 해 주는 것이 효과가 크다. 또 경쟁 상대의 행동이 다른 보통 사람과 조금이라도 다른 점이 있다면 일반적인 사람들의 수준을 뛰어넘는 차별화되고 창의적인 점을 부각시켜 칭찬해야 한다. 아울러 경쟁 상대를 대할 때에는 자기와는 능력과 수준이 높은 사람이라는 점을 치켜세워 주는 것도 좋지만, 상대적으로 경쟁 상대보다 낮은 곳에 위치하여 겸손한 태도나 혹은 섬기는 태도로 대하는 것이 좋다. 이와 같이 상대방을 칭찬해서 인정의 나르시시즘을 챙겨 주는 것도 좋지만, 실수나 잘못을 하는 자기를 보고 우월감을 가질 수 있도록 하는 것도 엄밀하게 말해서 칭찬의 영역에 포함된다. 간혹 객관적으로 볼 때 자기가 보유한 능력이나 역량도 없는데 호랑이 앞에서 여우가 권세를 누리듯이 자기가 모시는 상사의 권위를 믿고 함부로 나대는 사람도 적잖다. 그런 사람에게 직접적으로 대응하면 자기가 입게 되는 상처가 클 수가 있으므로 그런 사람을 대할 때에는 그 사람이 모시는 상사를 대하듯 대하면 된다. 그러다 보면 실제로 자기가 그런 사람인 양 착각해서 자기 스스로 크나큰 실수를 하는 과오를 범하게 된다.

신상(神像)을 실은 마차를 운반하는 조랑말이 사람들이 신상을 향해 절을 하는 것을 자기에게 하는 것이라고 착각하고 날뛰다가 결국에는 사람들에게 몰매를 맞았다는 우화가 있는데 남의 권세를 믿고 오만방자한 사람은 결국에는 종말이 비극으로 끝날 수밖에 없다. 왜냐하면 자기가 모시는 상사의 권력을 믿고 월권을 해서 결국에는 자기 스스로 자기가 함정에 빠져들기 때문이다. 그러므로 주변에 그런 사람이 있다면 본의 아니게 자기의 신경을 거슬리게 하는 또 다른 심리적인 제3의 경쟁자가 될 수도 있다. 그러므로 그런 사람은 그 사람이 착각하는 권세를 누리도록 한껏 치켜세워 주고 간간히 인정의 나르시시즘을 느낄 수 있도록 떠받들어 주는 시늉을 하면 된다. 아울러 그 사람과 어울리는 다른 사람들에게도 그 사람을 대하듯이 깍듯이 대하고 늘 겸손한 태도로 그 사람을 대하면 된다.

특별히 주의해야 하는 사항은 경쟁 상대가 다른 사람의 칭찬에 그다지 민감한 반응을 보이지 않고 더욱 겸손한 태도를 보일 때이다. 자기의 칭

경쟁의 정수와 꼼수

찬에 아랑곳하지 않고 오히려 칭찬을 해주는 자기를 더욱 높이 치켜세워 줄 때가 있는데 그런 태도를 보이는 사람은 칭찬으로 상대방을 무너뜨릴 수 없으므로 다른 전략을 구사하는 것이 타당하다.

　사람마다 칭찬을 통한 인정의 나르시시즘을 느끼는 포인트가 각각 다르다. 성과를 중시하는 사람은 능력을 칭찬해 주어야 하고, 관계를 중시하는 사람은 관계적인 측면을 칭찬해 주어야 한다. 또 외모를 중시하는 사람은 겉으로 드러나는 자태를 칭찬해 주고, 외모보다는 내면을 중시하는 사람은 인품이나 성품이 좋은 점을 칭찬해 주어야 한다. 그렇다. 칭찬도 경쟁 상대의 속성과 개성을 파악하여 그 상대에게 맞는 칭찬으로 인정의 나르시시즘을 채워 주어야 한다. 칭찬을 싫어하는 사람도 자기를 칭찬해 주는 상대방의 모습이 보기 좋아서 칭찬하는 것을 좋아하듯이 어떤 경우 든 사람들은 칭찬을 들으면 자기가 관심을 받고 있다는 생각에서 인정의 나르시시즘을 느끼게 된다.

7. 결정권자의 마음을 얻는다

손자는 《손자병법》에서 전쟁에서 승리하기 위해서는 전쟁을 하기 전 승산을 따져 봐서 이길 수 없는 전쟁은 하지 말라고 말했다. 이와 마찬가지로 힘의 우위와 전력을 비교해서 자기가 경쟁 상대보다 열악하다고 판단되면 뒤로 물러나 더 많은 준비를 한 연후에 경쟁을 해야 한다. 어림짐작으로 잘 될 것이다 혹은 죽기 살기로 싸우면 이길 것이라는 막연하고 낙관적인 생각으로는 경쟁에서 이길 수 없다. 그러므로 그러한 생각에서 벗어나 치밀하게 승산을 따져서 이길 수 있다고 판단될 때 경쟁에 임해야 이길 확률이 높다.

일반적으로 규율과 원칙이 없이 힘으로 우위를 따지는 국가 간의 경쟁에는 특별히 중간에서 승패를 판가름하는 심판이나 판정자가 없다. 하지만 일정한 규칙에 준하여 경쟁을 해야 하는 상황에서는 이를 평가하고 판단하는 사람의 성향을 감안하여 경쟁에 임해야 한다. 왜냐하면 승패를 판정하는 심사위원의 성향과 개성에 따라 승패를 판정하는 기준이 서로 다르기 때문이다. 축구 경기를 해도 심판의 성향에 따라 경기 운영 방식이 다르고, 승진 여부를 최종 판정하는 결정권자에 따라 동일한 실적을 가지고도 다른 결과를 자아낸다. 이와 마찬가지로 모든 경쟁에는 승패를 판가름하는 심판이 있게 마련이다. 그러므로 만약 승진을 목표로 경쟁을 한다면 승진 여부를 최종 결정하는 결정권자의 성향을 알고 경쟁에 임하는 것이 필요하다. 제아무리 자기가 경쟁 상대에 비해 실적이 좋고 평가표에 정해진 심사 기준이나 평가 기준에 의한 평가에서 우위를 차지하고 있어도 심사위원이나 최종 결정권자의 눈 밖에 나면 그런 승패의 결과는 예상과 다르게 나타날 수밖에 없다. 객관적으로 볼 때 누가 봐도 승진 가능성이 현저히 높은 사람이 승진을 하지 못하고 탈락의 고배를 마시는 것 중 하나는 최종 결정권자의 입맛에 맞는 실적을 내지 못했기 때문이다. 대부분의 승진은 그 기준을 통과한 사람 중에서 최종 결정권자가 승진 서열을 정해서 우선순위에 있는 사람이 승진하는 프로세스로 운영되고 있다. 그 기준에 적합한 실적을 달성했다고 해도 최종적으로 경쟁의 승패를 결정하는 사람에 의해서 선정된다는 점을 인지하여 실적도 관리해야 하지만 최종적으로 승진 여부를 결정하는 사람과 친밀한 관계를 형성하는 것이 바람직하다.

이상과 같이 승진을 목표로 경쟁을 하거나 인사고과 고득점을 목표로 경쟁을 하는 것은 그나마 어느 정도 객관적인 기준에 의해서 일정한 요건을 갖춰야 하는 경쟁이기 때문에 그다지 어려울 것이 없다. 하지만 결정권자의 신임이 경쟁의 승패를 정하는 중요한 트리거가 될 때에는 어떻게 해야 결정권자의 신임을 얻게 되는지를 알고 경쟁에 임해야 한다. 그래서 필요하다면 아부와 아첨을 하는 등 수단과 방법을 가리지 말고 경쟁에 임해야 한다. 남에게 아부하는 것을 싫어해서 혹은 천성적으로 남에게 입바른 소리를 못한다는 변명으로 경쟁에 임하는 것은 패배를 스스로 시인하는 것과 같다.

사슴을 가리켜 말이라고 칭하는 조록위마의 고사성어에서 말하듯이 일반적으로 사람들은 권력을 가진 사람의 말의 옳고 그름을 따지기보다는 결정권자의 판단에 따라 옳고 그름을 판단한다. 그러므로 결정권자도 사람이라는 점을 생각해서 결정권자의 기분을 좋게 해야 하고 결정권자의 간지러운 곳을 시원하게 긁어 줄 수 있을 정도로 넉살도 좋아야 한다. 아부와 아첨이 비열한 경쟁 방식이라는 생각으로 경쟁에 임하는 것은 이미 경쟁의 자격이 없다. 별다른 차이가 없다면 결정권자의 입장에서는 사적으로 친분이 있거나 자기의 기분을 좋게 하는 사람, 혹은 자기를 믿고 따르는 사람에게 힘을 실어 줄 수밖에 없게 되어 있는 것이 일반적인 사람의 심리이다.

참고로, 엄밀하게 말하면 아첨이나 아부를 통해 상대방의 기분을 좋게 하고 다른 사람이 자기에게 호감을 갖도록 하는 것도 실력이라면 엄청난 실력이다.

경쟁의 정수와 꼼수

8. 은밀하게 움직인다

경쟁은 정중동의 자세로 은밀하게 하는 것이 실익이 크다. 그러므로 자기가 누구와 경쟁을 한다는 것을 주변에 있는 사람들이 모르게 해야 한다. 경쟁 상대 중 가장 무서운 경쟁자는 보이지 않는 경쟁자이다. 상대방 입장에서 누가 자기와 경쟁을 하고 자기 자리를 넘보려고 하는지를 모르면 무엇으로 어디를 어떻게 방비해야 하는지를 모르게 된다. 물론 사람을 보는 안목이 있는 사람은 자기 주변 사람 중에서 누가 자기와 경쟁을 하려고 하는지에 대해 어느 정도 예측 가능하다. 하지만 예측해서 준비하는 것과 경쟁 상대가 누구인지를 명확하게 알고 준비하는 것은 천지 차이이다. 경쟁 상대가 누구인지를 알면 그 상대방에 맞는 맞춤형 전략을 세워서 방어하고 공격을 할 수 있지만, 단순히 예측해서 준비하는 것은 너무 광범위하기 때문에 제대로 철두철미하게 준비하기가 어렵다. 그러므로 만약에 자기가 누군가와 경쟁을 하고자 한다면 가장 우선적으로 경쟁상대가 자기가 경쟁을 한다는 낌새를 감지하지 못하도록 철저하게 위장해야 한다. 자기는 전혀 당신과 경쟁을 할 생각이 없으며, 자기가 그 사람의 도움이 없었으면 이 자리에 오를 수 없었기에 늘 감사하는 마음으로 그 은혜에 보답하는 길을 모색하고 있다는 점을 알리는 것이 필요하다. 또 경쟁을 하지 않는다는 유연하고 겸손한 태도를 취하되, 만일 자기보다 지위가 낮은 사람이 자기의 지위를 넘보려고 시도하면 즉시 겸손한 모습을 감추고 용맹하고 강한 모습을 내보여야 한다. 그렇다고 해서 모든 주어진 상황과 여건에 따라 태도를 달리할 필요는 없지만, 자기 자리를 넘보려고 하는 것에는 과할 정도로 반응해서 그 누구도 자기의 자리를 넘보는 사람은 가차 없이 응징하겠다는 단호한 의지를 널리 표명해야 한다.

절제는 밖으로 보이거나 사람들이 알고 있는 것보다 더 많은 것을 가졌다는 의미를 지녔다. 즉 자기가 가진 것 전부를 겉으로 드러내지 않고 일부분만 드러내는 것이다. 자기가 경쟁을 한다는 것을 아무도 모르게 은밀하게 움직이는 것 역시도 일련의 절제이다. 투쟁심과 갈등이 많지만 겉으로는 결코 그런 것을 드러내지 않아야 한다. 그래서 절제하는 사람은 자기 스스로 자신의 가치를 알고 있기에 다른 사람이 자기를 알아주지 않아도 결코 성내지 않고 조용히 뒤로 물러나 침묵으로 일관한다. 그것이 은밀하게 움직이는 오리지널 정중동의 경쟁이다.

9. 덤으로 하나 더 준다

'미운 사람 떡 하나 더 준다'는 말이 있다. 경쟁자가 마음으로는 밉지만 그래도 겉으로는 그런 마음을 표출하지 말고 오히려 더욱 친근한 모습을 보이는 것이 유리하다. 왜냐하면 그렇게 하면 경쟁 상대의 경계심을 허물 수 있고, 경쟁 상대의 주목을 받지 않으면서 경쟁 전략을 구사할 수 있기 때문이다. 일반적으로 사람들은 남들보다 더 많은 관심을 받고 싶어 하는 인정의 나르시시즘을 지니고 있다. 또 뭇 사람들보다 특별한 대우를 받고 싶어 하는 욕구가 있다. 그런 심리를 이용해서 이왕 주어야 하는 것이라면 아낌없이 과감하게 가능한 한 다른 사람과 차별화되도록 경쟁 상대에게 더 많은 혜택을 주는 것이 바람직하다. 그렇게 함으로써 경쟁 상대의 나르시시즘을 충족시켜주고 경쟁 상대로 하여금 자기가 특별한 대우를 받는다는 것을 알게 해 주는 것이 좋다. 경쟁 상대 입장에서 볼 때 다른 사람 대비 특별한 대우를 받고 있다고 느끼면 자기도 역시 상대방에게 뭔가를 해 주고 싶어 하는 마음이 생기게 된다. 주는 것이 받는 것이고 받으려는 마음이 있으면 먼저 주는 것이 선행되어야 한다는 말의 의미에는 사람은 누구나 받은 만큼 돌려주고 싶어 하는 심리가 있다는 의미가 담겨 있다.

덤으로 물품을 구입하는 재미가 있어서 재래시장을 자주 간다는 사람이 있을 정도로 사람은 지불한 비용보다 더 많은 혜택을 받으면 기분 좋아한다. 1+1 제품에 손이 먼저 가고 서비스가 좋은 음식점에 자주 가는 이유가 바로 그런 연유이다. 여기서 덤으로 더 준다는 말의 의미에는 단순히 물품이나 물건을 더 많이 준다는 것만 의미하는 것은 아니다. 이에 더하여 친절이나 서비스 등 유무형적으로 상대방의 기분을 좋게 하는 모든 것이 포함된다. 공동 작업을 할 때에도 힘든 일은 자기가 덤으로 더 많이 하고, 쉬운 일이나 누구나 좋아하는 일은 더 적게 하는 것도 일종의 덤으로 상대방의 기분을 좋게 하는 것이다.

공자는 《논어》에서 자기가 싫어하는 일은 다른 사람에게 시키지 말아야 한다고 말을 하는데 마찬가지로 경쟁 상대가 좋아하는 일은 경쟁 상대가 하도록 하고, 경쟁 상대가 싫어하는 일은 자기가 나서서 하는 것 또한 덤으로 주는 꼼수에 포함된다. 중요한 것은 경쟁의 성패에 크게 영향을 주지 않는 것이라면 아낌없이 경쟁 상대가 이익 되게 하는 것이 매우 중요하다. 그런 행동이 반복되면 경쟁 상대의 입장에서 볼 때 은혜를 입었다고 생각하기 때문에 경쟁의 승패와 직간접적으로 연관된 일에서도 일정 부분 양보를 하려는 생각을 하게 된다. 특히 경쟁 상대가 어렵고 힘든 상황에 처했을 때 적극적으로 나서서 경쟁 상대를 도와주고 경쟁 상대가 자기에게 고마움을 느끼고 은인으로 생각할 정도로 덤을 베푸는 것이 중요하다.

사람은 누구나 자기가 어렵고 힘든 상황에 처했을 때 자기에게 도움의 손길을 보낸 사람을 오래도록 잊지 못하고 기억하는 경향이 있다. 아울러, 경쟁 상대가 도움을 요청하면 일반 사람들이 지원하는 것보다 더 많은 도움을 주고, 경쟁 상대가 곤란한 상황에 처했을 때에는 적극적으로 나서서 경쟁 상대를 옹호하는 등 경쟁의 승패와 직간접적으로 영향을 주지 않는 것에 대해서는 일반 상식을 초월하는 정도로 경쟁 상대에게 호감을 표하는 것이 경쟁을 하는 데 유리하다.

10. 제3자를 이용한다

전쟁의 신으로 불리는 손자는 《손자병법》에서 전쟁은 속임수라고 말한다. 마찬가지로 경쟁 또한 속임수라는 말로 표현할 수 있다. 경쟁을 하거나 전쟁을 하는 과정에서는 속임수를 쓰는 상대를 이기거나 곤경에 빠뜨리기 위해서는 필연적으로 속임수를 쓸 수밖에 없다. 그래서 경쟁은 속임수의 대결이다.

경쟁 상대와 직접적으로 경쟁을 하지 못하는 상황에 처했다면 경쟁 상대의 지인이나 혹은 경쟁 상대의 주변 사람들과 경쟁자가 다투도록 이간질을 시키는 것도 좋은 꼼수이다. 이 술책은 적을 적으로 잡고 오랑캐를 오랑캐로 잡는다는 36계의 이이제이 술책과 자기의 손에 피를 묻히지 않고 다른 사람의 칼을 이용하여 적을 제압하는 차도살인 술책이 서로 병행된 꼼수이다. 겉으로는 자기는 전혀 경쟁 상대와 경쟁을 하지 않으며. 오히려 경쟁 상대를 두둔하고 그에게 적극적으로 협조 지원을 하는 든든한 후원자라는 인식을 풍기고 뒤에서는 경쟁 상대의 주변 사람들을 이용하여 경쟁 상대가 무너지도록 하는 꼼수이다. 경쟁 상대와 주변 사람들이 서로 거짓된 정보로 이간질을 시키는 것도 이런 류의 꼼수이다. 또 경쟁 상대와 친한 사람들에게 일정한 보상을 주면서 경쟁 상대의 치명적인 약점을 알아 오게 하고 그러한 약점을 경쟁 상대와 친한 사람이 공략하게 하는 것도 이런 유형의 꼼수이다. 그런 꼼수를 쓰면서도 자기는 전혀 그러한 사실을 알고 있지 않고 오히려 그런 꼼수는 정당하지 못한 꼼수라고 하면서 적반하장식으로 그런 꼼수를 비난하는 형태로 꼼수에 꼼수를 더하기도 한다.

국가적으로 전쟁을 할 때 적국에 첩자를 심어 백성들을 선동, 전쟁의 주범을 척살하라는 형태로 이간질을 펴는 것도 일련의 적을 적으로 제압하려는 꼼수이다. 또 경영자가 노조에 대항하는 또 다른 대의기구를 만들어서 노조와 대의기구가 서로 헐뜯고 싸움을 하도록 하는 것도 적을 적으로 제압하려는 경쟁의 꼼수이다. 흔히 경쟁을 할 때 경쟁 상대와 친한 사람들을 자기편으로 만들어서 자기는 뒤에서 물밑 지원을 하고, 경쟁자와 친근한 사람이 경쟁 상대를 직간접적으로 공략하게 하는 것도 적을 적으로 제압하는 경쟁의 꼼수이다. 또 조직에서 일반 직원 중 제일 영향력이 센 사람을 선임으로 임명하여 일반 직원들을 관리하도록 하는 것도 일련의 적을 적으로 제압하는 경쟁의 꼼수이다. 표면적으로는 마치 경쟁 상대측 내분으로 인해 자중지란을 일으키는 것 같지만 그 속내를 들여다보면 적을 적으로 제압하려는 꼼수가 바탕에 깔려 있다고 보면 된다.

적을 적으로 제압하는 경쟁의 꼼수를 쓰면 적의 실속을 세세하게 잘 아는 사람을 이용한 터라 적의 강점을 피하고 약점을 교묘하게 파고들 수 있는 이점이 있고, 경우에 따라서는 적에 관한 내밀한 정보를 쉽게 얻을 수 있는 이점이 있다. 또 적을 탐색하고 공격하는 데 드는 인적 물적 자원이 낭비되는 것을 줄일 수 있고, 적의 약점만을 찾아서 공략할 수 있다는 점에서 시행착오를 겪지 않고 적을 쉽게 제압할 수 있는 이점이 있다.

국가적으로 전쟁을 할 때 현지 사람을 첩자로 활용하거나, 기업체에서도 진출하고자 하는 나라에 지역전문가를 양성하여 해당 지역에 대한 모든 정보를 구하는 것도 일련의 적을 적으로 제압하려는 경쟁의 꼼수이다. 적의 손으로 적을 제압하는 경쟁의 꼼수를 쓰기 위해서 선행되어야 하는 것은 경쟁 상대의 평판이나 권위를 추락시켜, 경쟁 상대의 주변 사람들이 경쟁 상대를 불신하게 하는 것이다. 또 경쟁 상대를 지지하고 보호하는 것이 부당하며 정의롭지 못하다는 것을 주변 사람들에게 알려야 한다. 또 경쟁 상대의 힘을 약화시키는 것이 주변 사람들에게 이익이 많다는 것을 알게 하는 것도 필요하다. 이에 더하여 경쟁 상대로 하여금 주변 사람들을 무시하거나 경쟁 상대를 은연중에 무시하도록 하는 것도 필요하다. 또 경쟁 상대가 그 주변에 있는 사람들에게 전혀 신경 쓰지 않고 오히려 총알받이로 생각하고 있다는 것을 주변 사람들이 믿게 하는 것도 필요하다. 그래서 경쟁 상대를 믿고 따르는 것은 결국 자기들이 손해를 본다는 생각을 갖도록 분위기를 형성해야 한다.

11. 겉과 속을 달리한다

겉과 속이 다르게 행동하고 말과 행동을 달리하며 방금 했던 약속을 다시금 지키지 않는 것이 이제는 꼼수가 아닌 정수로 통용되고 있다. 이에 더하여 경쟁 과정에서 꼼수를 쓰는 것이 지극히 상식적이며, 경쟁의 과정에서 정수만을 고집하는 것은 오히려 경쟁을 잘못하는 것이라고 생각하는 것이 일반화되고 있다. 또 경쟁 과정에서 경쟁의 꼼수를 쓰는 것이 경쟁의 정수라는 것을 지극히 상식적으로 받아들이고 있다. 오히려 경쟁의 과정에서 꼼수를 쓰지 않는 것이 경쟁을 잘못하는 것으로 인식하고 겉이 희고 속이 검은 사람을 지극히 보통 사람으로 취급하는 것이 요즘 경쟁의 흐름이다.

경쟁의 관점에서 볼 때 겉과 속을 다 보이면서 투명하게 경쟁에 임하는 것은 경쟁의 원칙에 위배되는 것이라고 볼 수 있다. 또 경쟁의 세계에 몸을 담은 사람이라면 상식적인 수준을 넘어서서 얼굴에 철판을 여러 개 깔고 생활을 해야 하는 것이 지극히 상식적인 세상이다.

지구에 중력이 작용하고 숨을 쉴 때 산소를 마셔야 하듯이 경쟁을 하면서 꼼수를 쓰고 철면피처럼 얼굴에 철판을 두텁게 깔고 경쟁에 임하는 것이 경쟁의 필수 요건이 됐다. 또 이제는 진실되고 투명하며 윤리적이고 기준과 원칙에서 벗어나지 않는 지극히 모범적인 태도를 가진 사람은 경쟁의 링에 오를 자격이 없다. 그러므로 경쟁을 하게 되었다면 진실만을 말하던 것에서 진실을 거짓으로 위장하거나 거짓을 진실로 위장하는 위장술에도 능해야 한다. 또 알아도 모르는 척하고 모르면서 아는 척도 해야 하며, 좋으면서 싫은 척을 하고, 싫으면서도 좋은 척을 할 줄 알아야 한다. 또 거짓말을 진실인 것처럼 포장할 수 있어야 하고, 진실한 것을 거짓말인 것처럼 위장할 줄 알아야 하며, 없는 사실을 마치 사실인 것처럼 이야기할 수도 있어야 한다. 또 하고 싶은 것이 있다면 하고 싶지 않은 것처럼 해야 하고, 갖고 싶은 것이 있다면 갖고 싶지 않은 것처럼 할 줄도 알아야 한다. 그런 사람이 경쟁의 링에 오를 기본적인 요건을 갖춘 사람이다.

필요에 따라서는 남이 보는 데에서는 기준과 원칙을 철저히 준수하고 윤리와 도덕적인 기준에서 도리와 이치에 맞게 행동해야 하며, 남이 보지 않는 곳에서는 불법적이고 비도덕적인 행동을 서슴지 않을 정도의 이중적인 생활을 할 줄도 알아야 한다.

평상시에는 경쟁에 전혀 상관이 없는 것처럼 행하고 경쟁 상대의 입장에서 볼 때 상대방이 자기와의 경쟁에는 전혀 관심을 갖고 있지 않으며 자기가 공략해도 전혀 방어를 하지 않을 정도로 경쟁에는 무심한 태도를 보이는 사람이라고 느낄 수 있어야 한다. 평상시에는 그렇게 전혀 힘을 쓸 수 없을 정도로 연약하고 약해 빠진 사람처럼 행동하고, 경쟁의 승패를 가를 수 있는 결정적인 순간에는 평소와 다른 태도로 경쟁에 임할 수 있는 사람이 경쟁의 링에 오를 수 있는 기본조건을 갖춘 사람이다. 그렇게 보면 원리 원칙에 충실하고 정도만을 걷는 사람은 경쟁의 링에 오를 자격이 없다. 경쟁의 링에 올라 경쟁을 할 사람이라면 가장 기본적으로 언제든 필요에 따라 손익을 구분해서 이익된다고 생각하면 언제든 태도를 달리 할 수 있는 겉과 속이 다른 사람이 경쟁의 링에 오를 기본적인 조건을 갖춘 사람이다. 또 평소에는 아무 말도 하지 않다가 결정적인 순간에는 경쟁의 주도권을 잡기 위해서 자기의 태도를 손바닥 뒤집는 것처럼 뒤집을 수 있는 사람이 경쟁의 링에 오를 수 있는 요건을 갖춘 사람이다.

그런 점을 착안하여, 잘 나갈 때 어려움이 많다고 호소하고, 승승장구할 때 그것이 좋은 것이 아니라 자기를 죽이는 길로 들어서고 있다고 말하며, 기쁜 일이 생겼을 때 속으로는 기뻐하더라도 겉으로는 기쁜 것이 아니라 너무 슬프고 비통한 일이라고 다른 사람들에게 알려야 한다. 좋은 일이 생겼을 때 주변 사람들이 칭찬을 하면 감사의 말보다는 그 좋은 일로 인해 많은 피해와 희생을 당했다고 말하고, 기쁜 일이 생겼을 때 기쁘다는 표정보다는 슬프고 애석하다는 표정을 짓는 것이 실익이 크다. 또 조금 아프면 크게 아프다고 말하고, 작은 슬픔을 큰 슬픔으로 위장해서 경쟁 상대로부터 측은지심을 불러일으켜서 동정심을 유발해야 한다. 툭하면 울고 조그마한 상처에도 놀란 표정을 지으며, 연약하기 짝이 없는 사람처럼 여린 모습을 보이는 것이 강하고 강직한 모습을 보이는 것보다 실익이 크다.

12. 모이면 정보가 나온다

경쟁을 하기 위해서는 상대방에 대한 정보를 얻어야 하는데 경쟁 상대를 제대로 알기 위해서는 경쟁 상대와 직접 대면해서 대화를 하는 것이 가장 좋다. 즉, 경쟁 상대를 만나서 경쟁 상대의 건강 상태와 심신의 컨디션 그리고 경쟁 상대의 관심 사항이 무엇이고 실제로 경쟁 상대의 성격과 겉으로 드러나지 않는 내면의 심리 상태를 아는 것이 매우 중요하다. 왜냐하면 그렇게 해야 경쟁 상대에 대한 진면목을 명확하게 알 수 있기 때문이다.

말은 마음의 알갱이라는 말이 있듯이 사람의 마음은 말을 통해 다른 사람에게 표현된다. 실제로 경쟁 상대에 대한 내면의 상태와 경쟁 상대가 무슨 생각을 가지고 있으며 어떠한 감정 상태인지 혹은 경쟁 상대의 최대의 관심사는 무엇이고 경쟁 상대가 어떤 분야에 대한 전문가이고 경쟁 상대가 자주 사용하는 언어는 어떤 단어인가를 알면 경쟁 상대에 대한 성향을 보다 정확하게 알 수 있다. 또 직접 대면해서 경쟁 상대의 외부로 표출되는 복장 상태나 걸음걸이 그리고 헤어스타일 등 경쟁 상대의 전체적인 아우라를 보면 직감적으로 경쟁 상대에 대한 성향을 어느 정도 알 수 있다. 필요하다면 회식을 하면서 술자리에서 술을 마시며 대화를 하는 것도 필요하다. 취중진담이라는 말이 있듯이 술을 마시면서 이야기를 하다 보면 자기도 모르게 비밀리에 마음속에 담아 둔 이야기를 하는 경우도 있으므로 그러한 자리를 의도적으로 만들어서 함께 대화를 나누는 것도 좋다. 그런데 경쟁 상대와 직접적으로 만나서 이야기를 한다는 것이 어려운 경우가 많다. 더군다나 특별히 친한 사이도 아니고 일정한 거리를 두고 서로가 서로를 탐색하는 관계라면 더욱더 직접적으로 대면해서 대화를 나누는 기회를 만들 수 없다. 그런 경우에는 경쟁 상대와 친한 사람도 함께 참여하여 경쟁 상대로 하여금 뭇 사람 중 한 사람이라는 생각으로 조직원 전체와 대화를 나누는 자리를 마련하는 것이 좋다. 또 비공식적인 만남이 아니라 공식적인 만남의 장을 마련해서 경쟁 상대가 의심을 하거나 오해하지 않도록 하는 것도 좋은 방법이다.

경쟁 상대가 포함된 모임이나 회합을 가질 때에는 미리 경쟁 상대를 어떻게 공략을 할 것인지 혹은 경쟁 상대에 대해 무엇을 알아내야 할 것인지에 대한 사전 전략이나 계획을 수립해서 그에 임해야 한다. 또 필요하다면 그에 따른 시나리오를 작성하여 그에 따라 경쟁 상대에 대한 내밀한 정보를 얻거나 경쟁 상대로 하여금 궁지에 몰리게 해야 한다. 또한 경쟁 상대에 대해 관심을 표출하여 경쟁 상대로 하여금 마음의 빗장을 열도록 친밀한 관계를 형성하는 것이 좋다. 그래서 경쟁 상대가 자기의 경쟁 상대가 아니라는 것을 인식하게 하고 경쟁 상대로 하여금 자기의 속내를 드러내도록 분위기를 조성하여 경쟁 상대에 대한 내밀한 정보를 취하는 것이 상책이다. 아울러 공식 모임에서 경쟁 상대보다 자기가 한 수가 위라는 것을 인식하게 하고 공식적으로 경쟁 상대가 자기를 함부로 하지 못하는 관계선상에 있다는 것을 은연중에 심어 주는 것도 필요하다.

아울러 회합이나 미팅을 할 때는 주도권을 잡는 것이 필요하다. 그러기 위해서는 경쟁 상대가 잘 알고 있는 분야에 대해서는 대화를 하지 말고 경쟁 상대가 잘 모르는 분야에 대한 이야기를 토대로 대화를 나누면 된다. 그래서 경쟁 상대가 마치 꿔다 놓은 보릿자루마냥 대화 중 소외감을 느낄 정도로 분위기를 조장하여 공식적인 석상에서 경쟁 상대가 활기를 치지 못하도록 하는 것도 필요하다.

직장 상사들이 대부분 팀의 위계질서를 확립하고 조직의 기강을 바로 잡을 요량으로 회합이나 모임을 갖게 되는데, 직장 상사는 자기가 가진 고급 정보로 팀원들과 자기와의 지위상에 차이가 있다는 것을 인식하게 한다. 또 직장 상사의 입장에서 자기가 모르는 것을 팀원을 통해 알고 싶을 때에도 관련 사항에 대한 논제로 토론을 하게 함으로써 그에 대한 지식과 정보를 구한다. 이렇게 하면 굳이 팀원에게 배우지 않아도 공식적인 토론과 회의를 통해서 그에 관한 지식과 정보를 구할 수 있다. 이 술책은 부하 직원에게 몸을 낮추지 않고 지식과 정보를 구할 수 있고, 자기가 서열이 높다는 것을 공식적으로 알릴 수 있다는 점에서 일석이조가 아닐 수 없다.

13. 허풍을 떤다

경쟁에서 주도권을 잡기 위해서는 어느 정도 허풍도 떨 줄 알아야 하고 허장성세(虛張聲勢)는 아니어도 자기가 가진 역량이 어느 정도인지 상대방이 알게 하는 것도 필요하다. 왜냐하면 경쟁 상대의 관점에서 볼 때 자기가 힘과 연줄도 없고 인맥도 없으며 가진 것도 일천하다고 생각하면 무시하는 것은 물론 도발적인 행위를 할 우려가 적지 않기 때문이다.

일반적으로 사람들은 자기보다 훨씬 나은 사람이나 혹은 자기가 오를 수 없는 높은 지위에 있는 사람을 선망하기도 하지만 그런 사람을 두려워하기도 한다. 그래서 검사를 사칭하거나 청와대 직원을 사칭하는 사람들의 사기에 속수무책으로 당하는 경우가 많다. 또 그런 사람들과 친분을 유지하는 것이 자기에게 득이 된다고 생각하기 때문에 다소 의심을 품으면서도 그런 사람들의 말을 신뢰하는 경우가 있다. 그러한 심리를 이용해서 경쟁을 할 때는 경쟁 상대에게 자기가 가진 패를 일정 부분 보여주는 것도 경쟁에서 유리한 고지를 선점하는 길이다. 특히 경쟁 상대가 가지고 싶어 하는 유무형의 자산이 풍부하다는 것을 일정 부분 알려 주는 것이 경쟁 상대를 자기 영향력의 안으로 끌어들일 수 있는 좋은 방책이다. 또 경쟁 상대가 갖고 싶어 하는 것을 보유하고 있다면 그 역시도 일정 부분 경쟁 상대가 알게 하는 것이 경쟁 상대를 주눅 들게 하고 자기에게 호의를 느낄 수 있게 하는 단초가 된다.

임원 고위층과 휴일에 골프를 쳤다거나 과거 국회의원을 지낸 사람과 함께 모임을 했다는 등으로 인맥을 자랑하는 그런 사람이 허장성세나 허풍을 떠는 것은 아니다. 그런 사람은 천성적으로 무리에서 자기가 존중을 받고 싶어 하는 마음과 자기는 함부로 대할 사람이 아니다 혹은 자기는 여기 있는 사람들과는 다른 특별한 사람이라는 것을 알리고 싶어 하는 본능에서 발현되는 것이다. 한마디로 말해서 셀프 마케팅을 하는 것이다. 과거에는 스님이 제 머리를 깎지 못한다는 속설이 있었지만 현 시대에는 스님이 제 머리를 깎는 시대이다. 자기가 자기를 알리는 셀프 마케팅이 필요한 시기이기도 하다.

　자기가 갖고 있는 인맥이나 역량 혹은 자기가 보유하고 있는 재산을 자기 입으로 말하지 않으면 다른 사람들은 전혀 알지 못하는 경우가 많다. 통신 기술과 인터넷의 발달로 인해 정보 인프라가 잘 발달되어 있다고 해도 사람들은 자기 개인의 신상에만 관심이 있을 뿐 다른 사람의 신상에 대해서는 굳이 알려고 하지 않는다. 그래서 평소 친하게 지내는 사람의 겉으로 드러나는 것은 잘 알고 있지만 자기와 무관한 혹은 자기와 이해관계가 크게 얽히지 않는 사항에 대해서는 굳이 알려고 하지 않는 경향이 있다.

　일반적으로 사람들은 의식적으로 서열에 준하여 행동을 하려는 경향이 있다. 대부분의 사람들이 월등하게 자기보다 서열이 높거나 현저하게 서열이 낮은 사람과는 경쟁을 하지 않으려고 한다. 또 그런 사람과 경쟁을 하면 오히려 자기가 피해를 입을 것이라고 생각하고 아예 꼬리를 내린다. 흔히 자기보다 100배 재산이 많으면 존경을 하고 10배가 많으면 시기를 하며 두 배가 많으면 그것을 빼앗으려고 한다는 말이 있듯이 대부분의 경쟁의식은 자기와 어느 정도 생활수준 등 모든 면에서 동등한 위치에 있는 사람과 하는 경향이 있다. 그런 점에 착안하여 경쟁 상대에게 자기가 보유하고 있는 인맥이나 지위 혹은 권력자와 밀착 관계가 있다는 점을 알게 하는 것은 여러모로 경쟁자의 기세를 꺾을 수 있는 단초가 된다. 또 상대방을 주눅 들게 해서 미처 자기를 공격할 생각을 하지 못하도록 예봉을 꺾는 효과도 있다. 어떻게 생각하면 자기가 가진 패를 상대방에게 보여주는 터라서 손해가 있을 수도 있지만, 단순히 부와 권력을 가진 사람과 친분이 있다는 것 자체만으로 상대방의 기세를 꺾을 수 있는 측면에서 보면 다소 유리한 점이 많다.

14. 상대방의 힘을 분산시킨다

경쟁에서 우위를 선점하고 경쟁자와의 경쟁에서 이길 요량이면, 경쟁자가 갖고 있는 힘을 분산시키는 전략을 구사해야 한다. 경쟁의 기본은 경쟁 상대의 힘을 분산시켜 그 힘을 약화시키고 자기의 힘을 한데 모아 경쟁자를 상대하는 것이며 그렇게 해야 경쟁의 승률을 높일 수 있다. 경쟁 상대의 힘을 분산시키는 방법 중 가장 좋은 방법은 경쟁 상대에게 다른 경쟁자를 만들어서 그 사람과 경쟁하게 하는 것이다. 그러면 자기와 경쟁을 하면서 동시에 다른 경쟁자와도 경쟁을 해야 하기에 자기와의 경쟁에 온전히 힘을 다 쓸 수가 없으므로 자기에게 유리하다. 이때 경쟁 상대와 경쟁하는 다른 경쟁자는 최종적으로 자기와의 경쟁에서 힘을 쓸 수가 없게 경쟁 상대의 힘과 기를 약화시키는 선발대로서의 역할을 한다.

《손자병법》에 전쟁에서 승리를 하기 위해서는 먼저 적을 기다리고 충분히 휴식을 취한 연후에 도착하는 적을 맞아서 전쟁을 해야 한다고 말을 했듯이 자기와 경쟁을 하기에 앞서 다른 경쟁자와 경쟁을 하도록 함으로써 경쟁 상대의 힘을 약화시키는 것이다. 한마디로 말해서 다른 경쟁자와 경쟁을 하면서 힘을 소진하게 하고 힘을 비축하거나 다른 경쟁에 필요한 준비를 할 겨를을 주지 않고 자기와 경쟁을 하도록 하게 하는 프로세스를 만들면 된다. 중요한 것은 경쟁 상대가 연속해서 경쟁하도록 하는 것이 중요하다. 또 사전에 다른 경쟁자와 경쟁을 하는 과정에서 경쟁 상대에 대해서 미처 파악하지 못한 사항을 파악하는 것도 필요하다. 또 경쟁 상대의 강점과 약점을 세밀하게 분석해서 자기와 경쟁을 할 때 그 점에 착안하여 경쟁 상대를 공략하는 것이 필요하다. 보다 중요한 것은 경쟁 상대는 다른 경쟁자가 자연히 생기게 된 것으로 알고 있어야 하고 자기가 경쟁자라는 사실을 알지 못하게 해야 한다. 이러한 전략은 어부지리(漁父之利) 경쟁의 꼼수라고 할 수 있다. 이 꼼수는 경쟁 상대와 다른 경쟁자와의 경쟁으로 인해 가만히 앉아서 경쟁에 전혀 관여하지 않고 자기가 이득을 보는 꼼수이다.

경쟁 상대의 힘을 분산시키는 것은 경쟁자의 힘을 약화시킨다는 의미를 내포하고 있다. 즉 경쟁 상대가 보유하고 있는 유무형의 힘을 분산시켜 경쟁에 투여하는 힘이 약화되도록 하는 것이다. 그러기 위해서는 경쟁 상대의 관심을 다른 곳으로 돌려서 경쟁에 대한 관심을 떨어뜨리고, 경쟁 상대의 시간을 경쟁하는 데 투여하지 않고 경쟁과는 무관한 일에 쓰도록 하면 된다. 이처럼 경쟁 상대가 다른 일에 관심을 갖게 하고, 경쟁 상대가 시간을 경쟁과는 전혀 무관한 다른 일에 쓰도록 한다는 것은 경쟁의 주도권을 자기 것으로 만드는 것을 의미한다.

시간을 지배하는 자가 승자라는 말이 있듯이 상대방의 시간을 자기가 쓸 수 있다면 경쟁에서의 승리는 따 놓은 당상이다. 왜냐하면 경쟁의 결과에 가장 큰 영향을 미치는 것은 시간이기 때문이다. 경쟁을 하려고 해도 시간이 있어야 하고, 경쟁에 필요한 힘을 기르기 위해서도 일정 부분 시간이 있어야 한다. 아울러 자기의 감정 상태가 좋을 때 경쟁에 임하되 자기의 컨디션이 좋지 않을 때에는 자기를 숨기는 것이 상책이다. 또 경쟁 상대가 안정된 상태에서 질서정연하게 생활을 할 때나 주변 사람들에게 좋은 평판을 받고 있을 때에는 경쟁 상대를 공략하지 않는 것이 상책이다.

15. 프레임을 덮어씌운다

경쟁은 프레임 싸움이다. 프레임(Frame)은 인간이 성장하면서 생각을 더 효율적으로 하기 위해 생각의 처리 방식을 공식화한 것을 뜻한다. 인간은 어떤 조건에 대해서 거의 무조건적으로 반응하는 경향이 있기 때문에 프레임을 '마음의 창'에 비유하는데, 이는 어떤 대상 또는 개념을 접했을 때 어떤 프레임을 갖고 있는가에 따라서 그 해석이 바뀌기 때문이다.

이런 형태의 프레임 씌우기 꼼수는 어떤 조건에 대해서 무조건적으로 반응하게 하는 특정 프레임을 씌워서 경쟁 상대를 궁지에 몰아넣는 것이다.

대부분의 사람들에게는 남에게 알리고 싶지 않은 자기만의 아킬레스건을 가지고 있다. 또 남들에게 보이고 싶지 않은 자기만 아는 치부가 있다. 그래서 털어서 먼지 나지 않는 사람은 없다는 말을 곧잘 한다. 제아무리 청렴하고 윤리적인 사람이라고 하더라도 인간은 신이 아닌 이상 크고 작은 실수로 인해 자기만 아는 치부를 갖게 되기 마련이다. 경쟁 상대도 사람이고 자기 역시 사람이다. 즉 경쟁 상대나 자기 역시도 남들에게 보이고 싶지 않은 치부나 남에게 알리고 싶지 않은 자기만의 아킬레스건이 있다. 중요한 것은 경쟁 상대의 치부나 아킬레스건은 발본색원해서 찾아내고 자기의 치부나 아킬레스건은 경쟁 상대가 알지 못하도록 하는 것이다.

경쟁에서 유리한 위치를 선점하기 위해서는 앞서 말한 바와 같이 경쟁 상대의 아킬레스건이나 치부를 찾아내서 그와 연관된 프레임을 덮어씌워야 한다. 평상시에는 아무것도 아닌 지극히 사소한 것이라고 해도 경쟁 상대를 무너뜨릴 수 있는 뇌관이 된다는 점을 감안하여 경쟁 상대의 치부나 아킬레스건을 찾는 데 주력해야 한다. 특히 경쟁 상대가 살아온 과거에서 현재에 이르는 인생 여정에 남들이 모르고 있는 치부가 있다면 그것은 경쟁 상대의 평판에 중대한 흠집을 낼 수 있는 중요한 인자가 된다. 일례로 음주 운전으로 인해 벌금형을 받은 경력이나 교통 위반 등 극히 사소한 것이라고 해도 경우에 따라서는 단 한방에 경쟁 상대를 무너뜨릴 수 있는 요소가 된다. 특히 경쟁 상대를 아는 주변 사람들이 알고 있는 사실과는 전혀 다른 점이 있거나 다른 사람들에게 알려지지 않는 경쟁 상대만의 나쁜 버릇 등이 있다면 그와 관련된 소재를 이용하여 프레임을 씌우면 효과가 크다. 또 평소에 경쟁 상대가 착한 사람으로 평판이 자자하다면 그 평판에 흠집을 낼 수 있는 치부나 아킬레스건을 찾아서 공략하고. 윤리적이고 도덕적인 사람이라고 평판이 자자하다면 비도덕적이고 비윤리적인 면을 찾아서 그것을 소재로 프레임을 씌우면 된다. 또 직장인의 경우 경쟁 상대가 업무 성과 측면에서 두각을 나타내고 있다면 상대적으로 취약한 관계 측면을 부각시켜 경쟁 상대가 대인관계에는 전혀 신경을 쓰지 않고 오로지 성과에만 몰입하고 있다는 프레임을 씌우면 된다. 또 성과를 내기 위해서 주변 동료들의 업적을 자기의 성과로 포장하는 비양심적인 것이 있다면 그 역시도 비양심적이거나 이기적인 사람이라는 프레임을 덧씌우면 된다. 위와 같이 프레임을 씌우는 목적은 경쟁 상대에 대한 이미지를 훼손시키고 경쟁 상대의 주변 사람들이 경쟁 상대에 대해 좋지 않은 인식을 갖게 하기 위해서이다. 그렇게 해서 경쟁 상대

208   경쟁의 정수와 꼼수

의 전의를 상실케 하고, 경쟁 상대를 고립무원시켜 운신의 폭을 좁게 해야 한다. 그런 연후에 경쟁 상대를 공략하면 비교적 쉽게 승리를 거머쥘 것이다.

16. 일부러 속아 준다

경쟁 과정에서 상대방이 가짜뉴스나 거짓 정보를 퍼트려서 혼란을 초래하고 앞으로 경쟁 상대가 어떻게 전략을 펼칠 것이라고 표출한다면 어떻게 대응하는 것이 좋을까? 그런 경우에는 가짜 정보라고 인지하되 겉으로는 상대방의 전략에 완벽하게 속은 것처럼 행동하는 것이 좋다. 그러면서 가짜뉴스를 퍼트린 이유는 무엇이고 자기의 전략을 상대방이 알 수 있도록 하는 이유가 어디에 있는지를 아는 것이 무척 중요하다. 대부분 가짜 뉴스나 전략을 밖으로 퍼트리는 이유 중 하나는 상대방에게 혼란을 주기 위해서이다. 명실공히 전략이라는 것은 극비에 행해야 하고 다른 사람들이 알 수 없어야 성공률이 높다. 그럼에도 불구하고 경쟁 상대가 가짜 뉴스를 퍼트리고 가짜 전략을 드러내는 것은 상대방이 어떻게 나오는지를 알기 위해서이다. 이는 일단 한번 상대방이 어떤 반응을 보이는지는 미리 간을 보는 것이라고 할 수 있다. 그러므로 가짜 뉴스나 전략이라고 생각되더라도 그것을 참으로 믿고 그에 대응하는 척을 해야 한다. 그래서 경쟁 상대의 입장에서는 상대방이 완전히 자기의 전략에 말려들었다고 믿게 해야 한다. 그렇지 않고 가짜 뉴스나 가짜 전략이라는 것을 자기가 인지했다는 것을 상대방이 안다면 상대방은 또 다른 전략을 구사할 확률이 높다. 이에 더하여 경쟁 상대가 어떤 전략을 구사하는지를 전혀 알 수가 없다면 꼬리를 내리고 무작정 경쟁 상대와 친밀하게 지내는 전략을 구사하는 편이 낫다. 경쟁 상대의 입장에서 볼 때 자기편이라는 인식을 갖도록 하는 것이다. 또 자기는 경쟁 상대와 전혀 경쟁을 하지 않고 있으며 오히려 자기는 경쟁 상대의 든든한 아군이라는 인식을 심어 주어야 한다. 이와 같이 경쟁 상대에게 아부하고 아첨하면서 경쟁 상대로 하여금 더 이상 가짜 뉴스나 가짜 전략으로 자기를 공략하지 않도록 해야 한다. 한편, 경쟁 상대에게 아부하고 아첨을 하는데도 전혀 반응이 없고, 가짜 뉴스로 자기를 계속해서 공략한다면 일단 그 자리에서 벗어나 몸을 숨기는 것이 상책이다. 특히 자기가 경쟁 상대에 비해 힘이 약하거나 경쟁 상대의 강한 힘에 대응할 수 없을 시에는 무조건 자리를 피해서 거리를 두어야 한다. 경쟁 상대 입장에서 상대방이 그에 대해 반응을 보이기를 내심 원하고 있는데 전혀 반응을 보이지 않고 아예 그 자리에 없다면 허탈한 기분이 들 것이다. 그러므로 가짜 뉴스가 극성을 부리며 자기가 궁지에 몰릴 때에는 일단 그 상황에서 벗어나 몸을 숨기다가 어느 정도 시일이 지나 가짜 뉴스의 영향력이 약해지거나 조용해지면 다시금 등장하여 경쟁 상대에게 도전하면 된다.

일반적으로 사람들은 가짜 뉴스가 가짜 뉴스라는 것을 이성적으로는 인지하지만 가짜 뉴스를 접하는 순간 감정적으로 동요하게 마련이다. 거짓말도 자꾸 반복해서 들으면 그 말이 사실인 양 믿게 되듯이 가짜 뉴스를 자주 반복해서 듣다 보면 그것을 진짜로 착각하게 된다. 그러므로 가짜 뉴스를 접했다면 그 가짜 뉴스를 퍼트린 저의가 무엇이고 그것을 마치 사실인 양 당당하게 말하는 경쟁 상대의 속내가 어디에 있는지를 아는 것이 중요하다. 그러기 위해서는 주변 상황이 어떤 상황이고 주변 사람들은 어떤 생각을 갖고 있으며, 현재 자신이 처한 상황이 어떤 상황인지를 아는 것이 매우 중요하다. 아울러 경쟁 상대의 입장에서 볼 때 어떤 전략을 구사하는 것이 실익이 많고 경쟁 상대가 가짜 뉴스를 퍼뜨려서 얻고자 하는 바가 무엇인지를 확실히 아는 것이 매우 중요하다.

대부분 사기를 치는 사람들은 자기가 사기를 당하지 않을 것이라고 방심하는 경향이 있듯이 가짜 뉴스를 생산해서 공격하는 사람은 상대방이 가짜 뉴스를 만들어서 자기를 공격할 것이라고 생각하지 않는다. 또 자기는 가짜 뉴스에 속지 않을 것이라고 생각하는 사람이 가짜 뉴스에 더 잘 속는 경향이 있다. 그러한 점을 이용하여 경쟁 상대가 가짜 뉴스로 자기를 공략한다면 일단 속아 주는 척을 하고, 그 가짜 뉴스가 실체가 없는 사실이 아니라는 것이 판명된 이후에 즉각적으로 경쟁 상대를 표적으로 하는 가짜 뉴스를 발생시켜 경쟁 상대를 혼란스럽게 하면 된다. 물론 이때는 경쟁 상대가 가짜 뉴스를 생산한 사람이 자기라는 것을 알지 못하게 해야 한다.

17. 불필요한 오해는 피한다

다른 사람과 경쟁을 하지 않고 오로지 자기 개인의 목표 달성을 향해 노력하는 과정에서는 자기가 다른 사람에게 경쟁의식이 있다는 것이 알려지는 것을 주의해야 한다. 자기 스스로 정한 목표를 향해 자기보다 더 나은 역량과 실력을 지닌 사람을 롤 모델로 삼아 노력하다 보면 자칫 그 대상이 되는 사람들에게 하룻강아지 범 무서운 줄 모르고 날뛴다고 오해를 받을 수 있다. 자기 스스로 노력하는데도 불구하고 다른 사람의 입장에서 볼 때 자기 자리를 넘본다, 혹은 자기가 애써 배우고 익힌 경험적인 지혜를 손에 코도 안 풀고 고스란히 거저먹으려고 한다는 등으로 오해를 받을 수 있다. 그러므로 자기 스스로 자기의 목표를 정해서 자기가 얻고자 하는 바를 얻으려고 노력해도 결코 주변 사람들에게 그러한 의중을 표출하지 않는 것이 상책이다. 물론 자기가 장차 미래에 무엇이 될 것이라는 목표를 정해서 다른 사람에게 목표를 공개하여 그것을 달성하기 위해 간절한 마음으로 노력하게 된다는 자성 예언의 성공 효과도 있지만, 그 역시도 경쟁자는 그리 탐탁하게 생각하지 않는다.

대부분의 사람들은 본능적으로 자기보다 더 잘나가는 사람을 경계하고 시기하는 경향이 있다. 또 유무형의 자기 소유의 자산은 온전히 자기 것이라는 이기적인 마음을 갖고 있다. 사람들에게 매우 친밀하게 지내는 사람이나 겸손하고 이타적인 배려심이 많은 사람이라고 해도 다른 사람이 자기 것을 허락 없이 가져가는 것을 그다지 좋게 생각하지 않는다. 또 세상에 공짜는 없다는 말이 있듯이 세상에 공짜로 자기 것을 남에게 주려는 사람도 극히 드물다. 그러므로 자기 생각으로는 다른 사람과 경쟁을 하지 않고 오로지 개인의 발전과 성장을 위해 목표를 달성하겠다는 생각을 했더라도 결코 다른 사람에게 그러한 사실을 알리지 않는 것이 좋다. 특히 공을 세웠으면 뒤로 물러날 줄 알아야 화근을 막을 수 있다는 말이 있듯이 목표를 이루는 과정에서 탁월한 성과를 거두거나 괄목할 만한 좋은 공을 세웠더라도 결코 자랑하거나 우쭐대지 않는 것이 보신의 길이다.

《명심보감》에 오이 밭에서 양말을 갈아 신지 말고 사과 밭에서 모자를 쓰지 말아야 한다는 말이 있다. 그것은 멀리서 다른 사람이 보면 마치 오이나 사과를 따려고 하는 동작처럼 오해할 수 있기 때문이다. 이와 마찬가지로 경쟁 상대에게 자기가 경쟁하고 있다고 느끼게 하는 오해를 받을 수 있는 행동을 하지 않는 것이 상책이다. 비록 상대방과 적대적인 감정을 가지고 경쟁을 하려고 한다고 해도 은밀하게 경쟁 상대가 모르는 상황에서 경쟁을 해야 이길 확률이 높다. 그러므로, 경쟁을 하더라도 은밀하게 경쟁 상대가 모르게 경쟁하고 겉으로 티를 내지 않고 시나브로 코끼리를 잘라서 냉장고에 넣듯이 야금야금 경쟁 상대를 무너뜨리는 것이 착한 경쟁을 가장한 나쁜 경쟁이다.

결과적으로 혼자서 목표를 향해 도전을 거듭하는 경쟁이라고 해서 착한 경쟁이 아니다. 왜냐하면 그러한 여정에서는 다른 사람과 치열하게 경쟁을 해야 하는 과정이 필연적으로 뒤따르기 때문이다. 그래서 이왕이면 경쟁을 하더라도 다른 사람들이 보기에 다른 사람과 경쟁을 하지 않고 혼자서 열정적으로 성실하게 생활하는 사람이라는 이미지를 심어 줄 필요가 있다.

경쟁 상대와 경쟁을 한다고 하는 것과 혼자서 자기 목표를 향해서 자기가 원하는 것에 몰입하여 노력하고 있다는 것은 다른 사람들에게 미치는 영향과 자기에 대한 다른 사람들의 인식이 크게 다르다. 즉 다른 사람과 경쟁을 한다는 것이 알려지면 일단 그 사람을 전투적인 사람이나 혹은 누군가를 짓밟는 사람으로 알려져서 결코 좋은 이미지나 평판을 얻을 수 없다. 하지만 경쟁 상대 없이 자기 혼자서 노력하고 열정을 다해 매사 최선을 다하는 사람으로 알려지면 다른 사람의 존경이나 성원을 이끌어 낼 수 있다. 그러므로 내부적으로는 악한 경쟁을 할지라도 겉으로 보이기에는 착한 경쟁을 하는 것처럼 위장하고, 경우에 따라서는 경쟁을 전혀 염두에 두지 않는 홀로서기라는 점을 부각시키는 것이 여러 측면에서 자기에게 유리하다.

18. 경쟁은 정보전이다

경쟁을 밥 먹듯이 하는 사람들은 경쟁 자체를 즐긴다. 아니 모든 것을 경쟁의 관점으로 푼다. 그래서 제아무리 친하게 지내는 사람도 자기의 경쟁 상대로 생각하는 경향이 있다. 그런 사람들은 무슨 일을 하든지 간에 자기가 기준을 정하고 일정한 규칙 안에서 내기를 즐겨한다. 그리고 경쟁의 판이라고 할 수 있는 게임의 판을 자기에게 유리하도록 규칙이나 제도를 정한다. 마치 객관적으로 보기에는 매우 공정한 규칙이고 기준처럼 보이지만 엄밀하게 따져 보면 자기가 게임에서 유리하게 편성했다는 것을 쉽게 발견할 수 있다. 그런 사람은 공통적으로 모든 일을 자기가 주도하려고 한다. 그래서 자기와 함께하는 주변 사람들이 자기의 영향력을 받아서 움직이는 것을 좋아한다. 그런 유형의 사람은 대쪽 같은 성격에 호탕한 성격 같지만 한편으로는 권모술수가 매우 뛰어난 모략가라고 보면 된다. 그나마 다행인 것은 경험적으로 정치적인 술수가 뛰어나지만 한편으로 생각하면 생각의 깊이가 그리 깊지 않아서 유심히 관찰하면 수가 보인다. 그러므로 그런 사람과 경쟁을 할 때에는 그 사람의 약점이나 단점을 공략하는 것이 상책이다. 또 그 사람과 천적 관계에 있는 사람을 끌어들여 그 사람이 날뛰지 못하도록 해서 그 사람의 활동 반경을 줄일 필요가 있다. 그래서 상대방으로 하여금 자기를 건드리면 언제든 어떤 형태로든 당신의 약점과 단점을 이용하여 당신에게 위협을 가할 수 있다는 것을 간접적으로 전달해야 한다.

　손자가 《손자병법》에서 적을 알고 자기를 알면 위태롭지 않다고 말을 했듯이 경쟁의 주도권을 잡기 위해서는 가장 우선적으로 경쟁 상대방과 자기에 대해서 아는 것이 매우 중요하다. 자기가 경쟁자 대비 나은 점과 부족한 점을 아는 것이 자기를 아는 것이다. 단순히 자기의 실력을 자기 혼자서 측정하는 것이 아니라 경쟁 상대와 비교하여 자기의 실력이 어느 수준인지를 아는 것이 자기를 제대로 아는 것이다. 그러기 위해서는 필연적으로 경쟁 상대에 대한 정보를 아는 것이 필요하다. 그래서 경쟁 상대에 대한 정보를 제공해 주는 정보원을 잘 활용해야 경쟁에서 우위를 차지할 수 있다.

　경쟁 상대에 대한 정보는 경쟁 상대와 친한 사람이 제일 많이 알고 있다고 볼 수 있다. 아울러 겉으로 표출되지 않는 경쟁 상대의 속마음을 아는 것이 중요한데, 그러한 정보를 구할 요량이면, 경쟁 상대와 직접적으로 대면하여 경쟁 상대의 속마음을 알아보고, 경우에 따라서는 경쟁 상대의 감정 상태와 기분 상태 혹은 신체적인 컨디션을 면밀하게 관찰하여 경쟁 상대의 심리 상태를 아는 것이 필요하다. 또 경쟁 상대의 관심사는 무엇이고, 아킬레스건은 무엇이며, 강점과 단점은 무엇이고 경쟁 상대의 천적은 누구인가를 알아야 한다. 그래서 경쟁 상대가 방비하지 못하는 경쟁 상대의 약점을 찾아 경쟁 상대를 공략한다면 경쟁의 승률을 대폭 높일 수 있을 것이다.

　최근에는 SNS를 통해 경쟁 상대에 대한 일반적인 정보를 얻을 수 있다는 점에서 경쟁 상대에 대한 정보 소스를 구하는 중요한 정보처나 정보원은 SNS라고 볼 수 있다. 특히 SNS에 공개된 경쟁 상대에 대한 정보를 수

합하여 분석만 해도 경쟁 상대에 대한 개략적인 정보를 얻을 수 있다. 또 경쟁 상대가 SNS에 올린 글과 사진을 면밀하게 분석하면 어느 정도 경쟁 상대의 심리 상태와 성향을 파악할 수 있다. 또 경쟁 상대가 자주 쓰는 단어를 통해 경쟁 상대의 관심사와 의식 수준을 파악할 수 있다.

예나 지금이나 전쟁의 결과에 영향을 주는 가장 중요한 인자는 정보이다. 전쟁을 해도 적국에 대한 정보가 있어야 적국 맞춤형으로 자국의 전략을 세울 수 있고, 공격과 방어에 대한 전략을 세울 수 있다. 이와 마찬가지로 개인 간 경쟁을 하는 과정에서도 경쟁 상대에 대한 정보가 있어야 경쟁 상대를 어떻게 공략하고, 또 경쟁 상대의 공격에 대해 자기가 어떻게 방어를 할 것인가에 대한 전략을 수립할 수 있다. 그런 관점에서 볼 때 경쟁의 주도권을 잡고, 경쟁의 승률을 올리기 위해서는 경쟁 상대에 대한 정보를 가능한 한 많이 알아야 한다.

19. 과거의 힘을 이용한다

　말끝마다 과거 자기의 무용담을 과시하는 사람이 있다. 보기에 따라 과거의 힘은 아무짝에도 쓸모가 없다고 생각할 수 있지만 경쟁을 하면서는 과거의 힘을 무시하지 말아야 한다. 또 경우에 따라서는 과거 자기의 힘을 상대방에게 일부러 드러내는 것도 필요하다. 일례로 중국 삼국지연의에 사마의가 제갈공명을 두려워한 나머지 죽은 제갈공명이 눈앞에 나타나자 두려워서 줄행랑을 쳤다는 일화가 있는데 그것이 바로 과거의 힘을 이용하여 현재의 경쟁 상대를 굴복시키는 전략이다. 그러므로 경쟁 상대와 경쟁을 해서 이길 수 있는지 여부를 따질 때 경쟁 상대의 과거 이력도 경쟁 상대의 힘에 합산해야 한다. 그렇지 않고 현재 겉으로 드러난 힘만을 경쟁 상대의 힘으로 산정하는 것은 맞지 않다. 왜냐하면 경쟁 상대가 현재에 이르게 된 배경에는 과거의 힘이 기반이 됐기 때문이다. 아울러 왕년에 화려한 이력이 있는데 경쟁 상대가 자기의 과거 이력에 대해서 전혀 알고 있지 않을 때에는 전략적으로 어떠한 방법을 써서라도 어느 정도 알게 해야 한다. 왜냐하면 경쟁 상대의 입장에서 볼 때 자기에게 현재처럼 힘이 없다고 생각해서 무리하게 공격을 가할 것이기 때문이다. 일례로, 경쟁 상대가 과거에 은행에서 일했다면 금융 관련 인맥을 보유하고 있다고 봐야 하고, 공직 생활을 했다면 현재 공직자들과 연이 닿아 있을 것이라고 예측해야 한다. 또 운동선수 출신이라면 그 방면에 상당한 실력과 인맥을 형성하고 있을 것이라고 생각하는 등 경쟁 상대가 과거 무엇을 했고 어떤 이력을 갖고 있는지도 파악해야 한다. 그래서 상대방의 힘에 과거 상대방이 보유했던 이력을 넣고 산정해야 한다. 왜냐하면 준치는 썩어도 준치라는 말이 있듯이 상대방이 보유한 과거의 경력이 상대방을 지원하고 뒷받침을 해주는 파워가 되기 때문이다. 그러므로 경쟁에 임할 때에는 경쟁 상대를 현재 보이는 것만으로 파악하지 말아야 하고, 상대방이 숨기고 있는 힘이 무엇인지를 파악하여 경쟁에 임해야 한다. 그렇지 않고 단순히 현재 상대방이 보유한 힘으로 상대방을 평가하거나 겉으로 보기에 대단해 보이지 않는다는 생각으로 섣불리 공격적으로 경쟁에 임하면 예상외의 반격으로 인해 궁지에 처할 수도 있다. 한편으로 생각하면 전략적으로 자기의 과거를 숨기고 경쟁 상대가 자기를 가볍게 보게 하는 것도 허허실실 전략 차원에서 유리하다. 아울러 그런 전략이 아니라면 과거 성공 경험을 드러내거나 영웅담을 과시하면서 경쟁 상대가 자기를 함부로 대하지 못하도록 하는 것도 선제공격 차원에서 좋은 방어 전략이다.

조직 생활을 하다 보면 깜냥도 안 되는 사람이 자기를 경쟁자로 인식하고 적대적인 태도를 보이는 경우를 접하게 된다. 마치 당구 50을 치는 사람이 500을 치는 사람을 경쟁자로 생각하듯이 말이다. 그런 경우에는 필요에 따라 자기의 과거 경험이나 영웅담을 넌지시 상대방에게 알려서 상대방의 경쟁 의욕을 사전에 차단하는 것도 필요하다. 물론 목표는 높게 잡아야 한다는 말이 있듯이 경쟁 상대의 입장에서는 보다 큰 꿈을 펼치기 위한 일환으로 자기보다 훨씬 나은 사람을 벤치마킹하거나 롤 모델로 정해서 그 목표를 향해 최선을 다하는 모습을 보일 것이다. 그렇다. 자기와

경쟁의 정수와 꼼수

차원이 다른 사람과는 경쟁을 하려는 생각을 하지 말고 롤 모델이나 벤치마킹 대상으로 삼아서 그 사람을 통해 자기의 부족한 역량을 충전하는 기회로 삼아야 한다. 즉 경쟁의식을 가지고 적대적인 태도나 경계하는 태도를 보이지 말고 자기보다 훨씬 나은 그 사람의 강점과 장점을 배우고 익혀서 자기의 단점이나 부족한 부분을 채우려고 하는 것이 자기 성장과 발전을 위해 필요하다.

요즘처럼 세분화되고 전문화된 시대에는 누구나 특정 분야에서 자기만의 강점을 갖고 있기 마련이다. 그러므로 힘이 약하거나 연약해 보인다고 해서 상대방을 경시하거나 무시하지 않는 것이 좋다. 특히 세대별 격차로 인해 세대 간 상호 강점과 단점이 확연하게 다를 수 있다는 점을 생각해서, 세대 간 경쟁 구도가 형성됐다면 최대한 심사숙고해서 신중하게 경쟁 상대를 대하는 것이 필요하다.

20. 신출귀몰하게 행한다

　경쟁을 하다 보면 경쟁의 흐름에 변화가 생기게 된다. 계속해서 맑은 날이 지속될 수 없듯이 경쟁의 속도나 리듬이 계속해서 같은 경우는 없다. 또 경쟁의 유불리가 어떤 경우에는 자기에게 유리한 경우가 있고 또 어떤 경우에는 상대방에게 유리한 경우가 있게 마련이다. 특히 사람의 컨디션은 기복이 있다는 점을 감안하면 경쟁을 할 때 경쟁 상대의 컨디션은 어떠하며 자기의 컨디션은 어떤 상태인가를 꼭 따져봐야 한다. 왜냐하면 경쟁의 리듬이나 속도는 경쟁을 하는 사람의 컨디션에 따라 달라지기 때문이다. 또 경쟁의 주변 여건이나 환경의 흐름이 어떻게 흘러가고 있는지를 늘 따져봐야 한다. 왜냐하면 자기의 의지와는 달리 경쟁의 여건이나 환경이 경쟁 상대에게 유리한 쪽으로 흘러가는 경우도 있기 때문이다. 특히 경쟁의 승패가 경쟁을 하는 사람에 의해 좌우되기보다는 주어진 여건과 환경에 따라 좌우가 된다면 더욱더 주변 여건과 환경이 어떻게 변하고 있는지를 세세하게 따져 봐야 한다.

　경쟁을 하다 보면 경쟁의 리듬과 속도가 일정한 패턴에 의해 반복되고 있다는 것을 발견하게 된다. 즉 경쟁을 하면서 경쟁의 리듬과 속도가 어떻게 변하고 있고, 경쟁 상대의 동태를 면밀하게 살피다 보면 경쟁의 리듬과 속도가 일정한 패턴을 이루고 있다는 것을 발견하게 된다. 또 경쟁의 흐름을 계속해서 분석하고 면밀하게 살피다 보면 경쟁 상대가 어떤 리듬과 속도를 선호하고 어떤 리듬과 속도일 때 자기가 불리한 경우라는 것을 알게 된다. 그러므로 경쟁을 하는 과정에서도 경쟁의 내면에 깔려 있는 리듬과 속도의 변화에 따른 유불리를 면밀하게 따져 봐야 한다. 아울러 자기가 선호하는 경쟁의 속도와 리듬을 경쟁 상대가 알 수 없도록 하는 노력이 병행되어야 한다.

일반적으로 경쟁의 주도권을 잡은 사람이 경쟁에서 승리할 확률이 높다. 그래서 경쟁을 잘하는 사람은 경쟁의 주도권을 선점하여 경쟁의 흐름이 자기에게 유리하도록 세를 형성한다. 아울러 경쟁의 리듬을 자기가 원하는 템포로 유지하고, 경쟁의 속도를 자기가 원하는 형태로 유도해야 한다. 대부분의 경우 경쟁의 리듬과 속도는 경쟁의 환경과 여건에 따라 달라지게 된다. 그러므로 경쟁의 주도권을 확보할 요량이면 우선적으로 경쟁에 필요한 여건과 환경에 따라 자기에게 유리하도록 경쟁의 판을 조성하는 노력이 선행되어야 한다. 왜냐하면 경쟁의 판이 어떻게 형성되는가에 따라 경쟁의 리듬과 속도가 달라지기 때문이다. 일례로 경쟁의 판을 좌우하는 사람이 경쟁 상대와 친하다면 경쟁의 흐름이 경쟁 상대에게 유리할 수밖에 없다. 또 경쟁의 주된 무대가 경쟁 상대가 오랜 기간 몸을 담고 있는 곳이라면 경쟁 상대가 유리할 수밖에 없다.

결과적으로 경쟁의 리듬과 속도를 자기에게 유리하게 하기 위해서는 무엇보다 경쟁의 흐름이 어떤 흐름이고 그 흐름을 바꿀 수 있는 핵심 인자가 무엇인지를 아는 것이 필요하다. 그래서 경쟁의 리듬과 속도를 자기에게 유리하게 하는 핵심 인자에 영향력을 발휘하여 자기에게 유리하도록 환경과 여건을 조성하면 된다. 또 경쟁의 판을 자기에게 유리하도록 핵심 인자를 변경하여 경쟁의 리듬과 속도를 포함한 경쟁의 환경과 여건도 바꾸면 된다.

경쟁의 상황과 여건은 항상 변하기 마련이다. 오행이 상생하면서 상극하고, 사계절이 순환하며, 해는 길어졌다 짧아지고 달도 차면 기울 듯이 지구상의 모든 것은 변하기 마련이다. 그러므로 경쟁을 할 때도 자기가 경쟁자보다 유리한 환경에 있다고 해서 방심하지 말아야 하며, 언제든 상황을 바뀐다는 생각으로 좋은 기회가 왔을 때 신속하게 경쟁자를 공략해야 한다. 또 어렵고 힘든 상황에 처해도 결코 포기하지 말고, 언제든 환경과 여건이 자기에게 유리하게 바뀌는 때가 올 것이라는 기대감을 가지고 인내하고 버티는 것이 상책이다. 아울러 경쟁의 형세가 자기에게 불리한 상황이 반드시 도래한다는 생각으로 살얼음 위를 걷듯이 신중에 신중을 기하는 것이 경쟁의 승률을 올리는 비결 중 하나이다.

21. 자기확신을 금한다

경쟁 과정에서 자기가 꼼수를 부려서 상대방이 자기의 꼼수에 걸려들었다고 착각하거나 방심하는 것은 금물이다. 왜냐하면 자기의 꼼수 전략을 경쟁 상대가 인지하지 못하고 자기가 쳐 놓은 덫에 걸려들었다고 생각을 하는 것은 자기만의 생각일 수 있기 때문이다. 아니 어쩌면 경쟁 상대가 일부러 그 꼼수에 걸려든 것처럼 쇼를 할 수도 있다는 생각을 해야 한다. 또 경쟁 상대가 그보다 더 수준이 높은 꼼수 전략으로 응수하고 있는지도 모른다. 또 한편으로는 자기가 경쟁 상대의 꼼수 전략에 걸린 것은 아닌지를 따져 봐야 한다. 왜냐하면 경쟁 상대가 자기가 꼼수 전략을 전개하는 것을 눈치채고 마치 그 꼼수에 걸려든 것처럼 쇼를 하면서 역공을 가하고 있는지도 모르기 때문이다. 그러므로 경쟁의 시작부터 경쟁 상대가 완전히 녹다운이 될 때까지 결코 방심을 하지 말아야 한다. 비록 경쟁 상대가 자기의 적수가 될 수 없을 정도로 힘이 없다고 해도 방심하지 말고 경쟁 상대는 언제든 게릴라 전략으로 역공을 가할 수도 있다는 생각을 하는 것이 바람직하다.

경쟁을 하다 보면 경쟁 상대의 힘이 제아무리 약해도 밀고 당기는 과정이 있기 마련이다. 그래서 경쟁의 과정 전부를 어느 한쪽이 일방적으로 우세하게 가져갈 수는 없다. 제아무리 약한 상대와 경쟁을 해도 경쟁의 과정에서 경쟁 상대가 우세한 상황이 생기게 된다. 그러므로 경쟁 과정에서 자기가 경쟁의 승기를 잡았다고 해도 결코 방심하지 말아야 한다. 특히 경쟁 상대가 아둔하고 두뇌 플레이를 하지 못하는 사람일지라도 다른 사람의 도움을 받아 자기보다 차원이 높은 꼼수 전략으로 응대를 할 수도 있다는 생각을 해야 한다. 또 경쟁 상대가 자기의 꼼수에 걸렸다고 해도 결코 방심하지 말아야 한다. 설령 경쟁 상대가 자기가 쳐 놓은 꼼수의 덫에 걸려 미동도 할 수 없을 정도로 완벽하게 걸려들었다고 해도 경쟁 상대가 녹다운되는 순간까지는 결코 방심하지 말아야 한다. 경쟁 상대가 자기보다 경험이 부족하고 연령이 낮아서 결코 자기의 꼼수를 눈치를 채지 못할 것이라는 생각이나 경쟁 상대가 순진하고 착해서 비도덕적인 사람들이 펼치는 꼼수를 펼치지는 못할 것이라는 생각은 모두 착각일 수 있다. 그러므로 경쟁과 착각을 함께 병행하지 말아야 하고, 경쟁에 방심을 혼합하지 않아야 한다. 그럼에도 불구하고 경쟁 과정에서 주로 하는 착각 중 하나는 과거 경쟁 상대와 같은 유사한 사람과 경쟁을 하는 과정에서 썼던 꼼수 전략이 잘 통해서 그와 동일한 전략으로 이길 수 있다고 생각하는 것이다.

과거의 성공이 오늘의 실패 요인이 될 수도 있다는 말의 의미에는 과거에 성공했던 경험을 토대로 그와 동일한 방법으로 경쟁에 임하는 것은 경쟁의 패배를 불러 온다는 의미가 담겨 있다. 그러므로 경쟁 과정에서 자기의 꼼수 전략이 상대방에게 잘 먹히고 있을수록 더욱더 긴장을 늦추지 말아야 하고, 언제든 경쟁 상대가 반격을 가할 수도 있다는 생각을 하는 것이 바람직하다. 아울러 경쟁의 꼼수를 전개할 때에는 자기의 꼼수가 오히려 경쟁 상대에게 도움이 되는 것은 아닌지 혹은 오히려 자기에게 불리한 상황으로 경쟁의 상황을 변화시키는 것은 아닌지를 늘 조심스럽게 살펴야 한다.

　한편으로는 자기 역시 경쟁 상대의 꼼수에 걸려든 것은 아닌지, 혹은 경쟁 상대가 자기의 꼼수에 대항하여 자기보다 더 좋은 꼼수를 전개하고 있는 것은 아닌지를 늘 면밀하게 잘 살펴야 한다. 또 부처님 손바닥 위에서 놀고 있는 손오공처럼 자기가 경쟁 상대가 펼쳐 놓은 꼼수의 양탄자 위에서 공수표를 날리고 있는 것은 아닌지를 늘 따져봐야 한다. 아울러 경쟁을 할 때는 경쟁을 마친 연후에도 경쟁 상대가 자기가 쳐 놓은 꼼수를 눈치채지 못할 정도의 꼼수를 써야 하며, 그 누구도 모르는 자기만 아는 꼼수를 써야 한다. 특히 부정적이고 비도덕적인 꼼수라면 더욱더 보안을 잘 유지해야 하며, 경쟁의 과정에서 비열한 방법으로 경쟁에서 이겼다는 소문이 나지 않도록 자기의 꼼수를 정당하게 포장하는 것도 중요하다. 자기 입장에서는 경쟁의 꼼수인데 상대방이나 다른 사람들이 보기에는 지극히 정당한 경쟁의 정수처럼 느끼게 하는 것도 경쟁의 꼼수 중 하나이다.

　특별히 경쟁 상대가 자기보다 고수인 경우에는 꼼수를 쓰는데 신중에 신중을 기해야 한다. 왜냐하면 고수는 하수의 꼼수를 환히 내다보는 안목을 갖고 있기 때문이다.

22. 넌지시 말하고 유심히 살핀다

경쟁의 주도권을 얻기 위한 묘책으로 넛지(Nudge)를 발휘하면 효과가 크다. 이 묘책은 별것 아닌 가벼운 이야기로 은근슬쩍 경쟁 상대의 심기를 떠보거나 상대의 심기를 건드려서 경쟁 상대로 하여금 속에 있는 마음을 드러내게 하는 묘책이다. 경쟁 상대의 입장에서는 그저 아무 일도 아닌 지극히 평범하고 가볍게 지나가는 말이라는 점에서 상대방이 쉽게 인지하지 못하는 묘책이다. 일례로 상대방이 어느 분야에 관심이 있는지를 알기 위해서 자기의 관심 분야를 먼저 드러낸다. 그래서 자기가 하는 말에 경쟁 상대가 어떤 표정을 짓고 어떤 눈빛을 띠는지를 면밀하게 살피면 경쟁 상대의 속내를 알 수 있다. 또 주식 동향에 이야기를 하거나 골프 이야기를 하는데 전혀 맞장구를 치지 않거나 대화에 동참을 하지 않고 낯설어 한다면 십중팔구는 그 분야에 관심이 없을 확률이 높다. 이 묘책이 성공하기 위해서는 가장 우선적으로 자기의 이야기처럼 자기 스스로 속내를 드러내는 것이 필요하다. 그래서 경쟁 상대가 그 말을 듣고 연이어서 그와 관련된 이야기를 하도록 이끌어낸다. 흔히 미끼로 유혹을 하는 것 역시도 이와 유사한 술책이다.

노자가 《도덕경》에서 받기 위해서는 먼저 주어야 한다고 말을 했듯이 상대방의 속마음을 알아보기 위해서는 먼저 미끼를 던져 주는 것이 필요하다. 이때 경쟁 상대의 관심사와 주로 선호하는 것이 무엇인지를 알면

보다 수월하게 술책을 쓸 수 있다는 점에서 이 묘책을 성공적으로 수행하기 위해서는 경쟁 상대의 관심사와 선호도에 대해서 먼저 아는 것이 중요하다. 만약의 경우 경쟁 상대에 대해서 전혀 아는 것이 없다면 앞서 언급했던 것처럼 자기의 속마음을 먼저 드러내서 상대방도 자기의 속마음을 어느 정도 표출하게 하는 것이 필요하다. 이때 경쟁 상대가 눈치를 채지 못하도록 자기의 속마음을 드러낼 때에는 은근 슬쩍 말을 흘리는 정도로 접근해야 실효성이 크다. 지나가는 말로 혹은 자기 이야기를 남의 말을 하듯이 건성으로 말을 흘려야 한다. 특히 경쟁 상대가 민감하게 반응을 할 수 있는 일에 대해서는 경쟁 상대를 두둔하는 듯한 뉘앙스를 풍기면서 접근하는 것이 필요하다. 일례로 선거에서 경쟁 상대가 어떤 후보에 투표를 했는지를 알아보기 위해서 나름으로 자기는 누가 될 것 같다는 의견을 제시하거나 남의 이야기를 하듯이 특정 인물이 선거에 당선될 것이라고 말을 건넨다. 그러면서 상대방이 자기의 말에 어떤 반응을 보이는지를 면밀하게 살피면 경쟁 상대가 어떤 후보에게 투표를 했는지를 어느 정도 예측할 수 있다.

이 묘책은 경쟁 상대의 속마음을 알아내거나 경쟁 상대의 심기를 불편하게 할 요량으로 쓰면 효과가 크다. 또 찬성과 반대에 대한 경쟁 상대의 의향을 알아보고 싶거나 경쟁 상대가 전문적으로 알고 있는 분야에 대한 전문적인 정보를 알아내고자 할 때 사용하면 좋은 술책이다. 또 경쟁 상대가 심리적으로 주눅 들게 하기 위해 은근슬쩍 경쟁 상대의 아킬레스건을 건드리지 않는 선에서 경쟁 상대의 단점에 대한 이야기를 하고 경쟁 상대의 심기를 불편하게 해서 경쟁의 주도권을 잡는 데도 효과적이다. 경우에 따라서는 경쟁 상대가 민감하게 반응하는 이야기나 경쟁 상대가 차마 남 앞에서 드러내 놓고 말을 할 수 없는 이야기를 하면서 경쟁 상대의 심기를 불안하게 하기 위한 목적으로 활용해도 좋은 술책이다. 일례로 시간 약속을 잘 지키지 않는 경쟁 상대 앞에서 시간과 약속의 중요성에 대해서 이야기를 하는 등 경쟁 상대의 심기를 건드리는 내용을 이야기하는 것이다. 이것은 뾰쪽한 바늘로 계속해서 실험 쥐의 몸을 찌르면 스트레스를 받는 것과 마찬가지로 경쟁 상대에게 스트레스를 주게 됨으로써 경쟁 상대의 심리 상태를 불안하게 하는 목적으로 쓰기에 안성맞춤인 꼼수이다.

23. 한 번 경쟁자는 영원한 경쟁자이다

한 번 해병은 영원한 해병이라는 말이 있듯이 한 번 경쟁자는 영원한 경쟁자이다. 이 말은 자기와 한 번 경쟁을 한 사람은 계속해서 경쟁을 하는 영원한 경쟁자라는 생각으로 긴장을 늦추지 말아야 한다. 설령 자기와의 경쟁에 패하여 기사회생이 불가능할 정도로 타격을 입었다고 해도 결코 방심하지 말고 언제든 상대방이 기사회생을 해서 자기에게 도전장을 내밀 것이라고 생각해야 한다.

대부분 경쟁을 하다가 패배하면 순순히 승복하지만 일정 기간이 지나면 패배한 사람은 패배한 것에 대한 아쉬운 마음을 달래며 복수전을 다짐하기 마련이다. 행복한 사람의 원인은 하나인 데 반해 불행한 사람의 원인은 여러 가지이듯 경쟁에서 승리한 사람의 승리 원인은 하나인 데 반해 패배한 사람의 패배 원인은 수없이 많다. 그래서 패배한 사람은 자기가 힘이 없고 실력이 없어서 패배했다고 생각하기보다는 경쟁의 승패를 겨룰 당시에 그 상황이 자기에게 불리했기에 패배했다고 생각한다. 또 순순히 자기 실력이 약해서 패배를 했다고 승복을 하는 사람도 일정 기간이 지나면 돌이켜 자기의 경쟁 과정을 복기하면서 놓친 부분으로 인해 혹은 방심으로 인해 패배를 했다는 생각으로 자기를 합리화하는 경향이 있다. 그래서 그 원인을 치유하고 문제가 해결되면 다시금 도전하게 된다. 그런 관점에서 한 번 경쟁을 했던 사람은 언제든 자기와 다시금 경쟁을 할 것이라는 생각을 가져야 한다. 비록 경쟁에서 패한 사람이 순순히 승복하고 자기의 심복이 되었다고 해도 경계심을 갖지 않으면 추후에 큰 코 다친다는 점을 생각해서 늘 적정하게 긴장하며 유심히 살펴야 한다. 특히 그 상대가 오랜 기간 정치를 해 왔거나 많은 사람들과 경쟁 경험이 풍부하다면 더욱 경계를 게을리하지 말아야 한다. 제아무리 조련을 잘해도 맹수는 특정한 상황에서 맹수의 본능을 보이는 것과 마찬가지로 한 번 경쟁을 해 본 사람은 또다시 경쟁을 할 확률이 높다.

사람은 본능적으로 경쟁을 하려고 하고 강자에게 살아남기 위해 무슨 일도 마다하지 않는다. 또 강자가 되고 싶어 하는 욕구의 본능이 있다. 그러기에 그 점을 생각해서 자기와 경쟁을 해서 패한 사람은 일정 기간 시간이 흘러 다시금 경쟁에 임할 준비를 마치면 언제든 다시금 경쟁을 해 올 것이라는 생각을 가져야 한다. 그래서 친구는 살포시 품에 안아도 괜찮지만 적이라고 생각하는 사람은 꼼짝하지 못하도록 꼭 껴안아야 한다고 말한다. 또 경쟁에서 패한 사람은 언제든 다시금 무서운 적이 될 것이라는 점을 인지해야 한다. 경쟁에서 패한 사람이 다시금 경쟁을 하는 근본적이고 심리적인 이유 중 하나는 경쟁을 통해 자기가 아직도 건재하다는 것을 증명하고 싶은 마음의 발로에서 그러하다. 또 한편으로는 경쟁에서 패배를 했어도 계속 경쟁을 통해 배우고 익혀야 자기가 성장을 한다는 경쟁의 속성을 알기 때문이다.

특별히 경쟁을 하는 과정에서 서로 다투다 보면 친분이 생기게 되고 그 친화력에 힘입어 경쟁을 마치고 서로 우의가 돈독해진다고 해도 한번 경쟁자는 또다시 경쟁을 해 온다는 생각으로 대해야 한다. 그렇지 않고 과거를 청산하고 새로운 미래를 위해 손을 잡았다는 생각만으로 너무 믿고

경쟁의 정수와 꼼수

중요한 일을 맡기거나 전권을 위임하게 되면 언젠가는 그 사람이 자기를 짓밟고 더 높은 곳에 오르기 위해 도전의 경쟁을 해 올 것이라 점을 인지하고 이에 대해 만만의 준비를 하는 것이 필요하다. 특히 숱한 경쟁을 통해 자기와 경쟁을 하게 된 사람은 경쟁을 하는 것이 몸에 배어 있다고 생각해야 한다. 아울러 연령과 자리에 상관없이 살아 숨 쉬는 한 경쟁의 습관 역시 살아 숨을 쉬고 있다는 생각으로 한 번 경쟁을 한 사람은 다시금 경쟁을 해 올 것이라는 생각을 해야 한다. 그러므로 주기적·정기적으로 자기와 경쟁을 했던 사람의 동태를 면밀히 살피고, 그 경쟁자를 통해 자기를 더욱 단련시킬 수 있는 점이 있다면 그것을 타산지석의 교훈으로 삼아야 한다. 또 자기와 한 번 경쟁을 했던 사람이 자기 곁에 있다면 그가 가진 강점을 최대한 활용하여 자기의 경쟁력을 더욱 강화하는 기회로 삼아야 한다. 그래서 그 사람으로 하여금 절대 자기와는 경쟁 상대가 되지 않는다는 점을 알게 하는 것도 필요하다.

24. 경쟁 상대의 지인과 친해진다

경쟁에서 승기를 잡기 위한 방법 중 하나는 경쟁 상대와 비교하여 경쟁력이 뒤진다고 생각하면 경쟁 상대의 사기를 저하시켜 경쟁 상대의 경쟁력을 약화시키는 방법을 활용하는 것이다. 가장 이상적인 것은 자기의 경쟁력을 키워서 경쟁 상대의 경쟁력을 뛰어넘는 것이지만 여건이 허락되지 않고, 시일이 오래 걸린다면 경우에 따라서는 경쟁 상대의 경쟁력을 약화시키는 꼼수를 써야 한다. 그중 비교적 쉬운 방법은 경쟁 상대와 친하게 지내는 주변 사람들과 친하게 지내는 것이다. 또 경쟁 상대의 상사나 경쟁 상대를 주눅 들게 하는 사람, 경쟁 상대에게 영향력을 발휘하는 사람 등 경쟁 상대의 천적과 친밀하게 지내는 것이 좋다. 또 경쟁 상대가 비밀스럽게 숨겨 둔 아킬레스건을 아는 사람이나 경쟁 상대의 비도덕적이고 비윤리적인 이슈를 알고 있는 사람과 비교적 친밀하게 지내는 것이 경쟁 상대의 경쟁력을 약화시키는 단초가 된다. 경쟁 상대 입장에서는 자기와 경쟁을 하는 사람이 자기의 주변 사람들과 친하고, 자기에게 영향력을 발휘하는 사람과 친밀한 관계를 유지하고 있다고 생각하면 어느 정도 긴장을 할 것이다. 또 자칫 자기의 아킬레스건이 공개되거나 은밀하게 숨겨 둔 비리 등이 공개되어 곤경에 처할지도 모른다는 생각에 경쟁의 사기가 저하되는 단초가 되기도 한다. 이때 중요한 것은 자기가 경쟁 상대의 천적들과 친밀한 관계를 나누고 있다는 것을 일부러 경쟁 상대가 알도록 하는 것이 효과가 크다.

이 꼼수는 경쟁 상대의 심리를 불안하게 하여 경쟁에 따른 사기를 저하시키고 섣부르게 공격을 할 수 없게 하는 꼼수이다. 또 경쟁 상대의 주변 사람들을 이용하여 경쟁 상대에 관한 내밀한 정보를 취할 수 있고, 상황에 따라서는 내분을 조장하여 경쟁 상대의 힘을 분산시키는 간자 역할을 수행하게 할 수도 있다, 만약의 경우 경쟁 상대가 역으로 자기 주변 사람들과 친교를 맺어 자기를 공략할 수 있으므로, 평상시 자기에 대한 모든 정보를 알고 있는 측근들이 경쟁 상대의 편에 서지 않도록 단도리를 잘해야 한다. 아울러 자기의 주변 사람들이 경쟁 상대와 친하게 지내고 있다면 그 사람을 이용하여 거짓 정보를 제공하는 등 경쟁 상대로 하여금 혼란한 상태에 빠져 잘못된 선택과 결정을 하도록 이간질 전략을 구사하는 것도 경쟁의 승률을 높이는 방법 중 하나이다.

이 꼼수가 성공적으로 진행되기 위해서는 무엇보다 결정적인 순간이 도래할 때까지 경쟁 상대가 자기가 경쟁 상대의 주변 사람들과 친밀하게 지내는 것을 알지 못하게 해야 한다. 또 경쟁 상대의 주변 사람들 역시 자기가 경쟁 상대와 경쟁을 하고 있다는 것을 알지 못하게 하는 것이 매우 중요하다. 간혹 일부러 경쟁 상대가 알도록 하기 위해 경쟁 상대의 주변 사람들과 별로 친분이 없는데도 불구하고 경쟁 상대의 면전에서 경쟁 상대의 주변 사람들과 친밀한 척을 하는 경우도 있는데, 그것은 오히려 경쟁 상대의 경계심을 갖게 할 뿐 그다지 실익이 크지 않다. 특별히 경쟁 상대의 주변 사람들 중 경쟁 상대에게 가장 영향력을 크게 미치는 사람이나 경쟁 상대의 비리를 알고 있는 사람과는 특별한 관계를 형성하여 경쟁 상대보다 더 가깝게 지내는 사이를 유지해야 한다.

25. 상사와의 경쟁은 피한다

직장 등 조직 생활을 하다 보면 직속 상사와 경쟁을 하게 되는 경우가 있다. 그런 경우에는 최대한 그런 속내를 직장 상사에게 드러내지 않는 것이 좋다. 물론 직장 상사 역시 동물적인 감각으로 자기 자리를 노리는 사람이 누구인지 혹은 향후 자기의 자리를 노릴 사람이 누구일 것이라는 것을 늘 염두에 두고 생활을 한다. 그러면서 자기의 자리를 고수하기 위해 사전에 자기와 경쟁할 사람의 입지를 좁히는 꼼수를 구사한다.

가축들은 주인이 주는 먹이를 먹고 산다. 그래서 주인의 말을 잘 따른다. 하지만 가축들도 주인에게 잡혀 먹히지 않을 정도로 적당한 거리를 유지하면서 동물적인 감각으로 자기를 방어한다. 하지만 주인이 맘만 먹으면 가축들이 제아무리 발버둥을 쳐도 잡아먹히게 된다. 가축들은 자기가 언제 죽을지 모른다. 왜냐하면 병들어 죽지 않는 한 가축의 의사와는 상관없이 주인이 맘만 먹으면 언제든지 목숨을 빼앗아 가기 때문이다. 조직 생활에서 상사와 부하직원의 관계는 이처럼 주인과 가축의 관계와 유사하다. 주인이 맘만 먹으면 가축을 잡아먹을 수 있듯이 상사 역시 마음만 먹으면 얼마든지 부하를 자기 입맛에 맞게 요리가 가능하다. 그러기에 직속 상사와 경쟁을 한다면 철저히 자기를 숨기고 때로는 둔하고 어딘가 조금은 모자란 사람처럼 행동하는 것이 유리하다. 또 상사의 눈 밖에 나지 않도록 상사에게 순종하면서 결정적인 기회가 도래할 때까지 은밀하게 남이 보지 않는 곳에서 자기의 역량을 키우는 데 주력해야 한다. 아울러 상사의 마음은 언제든 바뀔 수 있고, 조직과 개인의 이익을 위해 상황에 따라 늘 유리한 경우를 선택한다는 생각으로 상사의 일거수일투족을 잘 살펴야 한다. 그래서 만약의 경우 자기를 공략할 징후가 보이면 완전히 꼬리를 내리고 죽으라면 죽는 시늉이라도 할 정도로 맹종하는 태도를 보여야 한다.

상사들이 주로 부하직원을 자를 때 쓰는 꼼수는 부하직원의 마음을 무장해제 시키는 것이다. 그래서 최대한 부하직원에게 잘해 주고 주인이 가축의 먹이를 주듯이 보상과 칭찬을 자주 한다. 부하 입장에서는 그런 상사를 믿고 따르며 충성을 다해 섬기는 것으로 그에 보답한다. 그렇게 부하를 계속해서 챙겨 주고 잘해 주다가 결정적인 시기가 도래하면 언제 그렇게 했는지가 무색할 정도로 완전히 태도를 달리한다. 그러므로 상사가 잘해주면 뭔가 의심을 해봐야 하고, 상사가 분에 넘치는 칭찬을 해도 결코 자만하지 말고 겸손한 태도로 신중하게 행동해야 한다. 또 상사가 잘해 주는 것에 함정은 없는지, 상사가 자기에게 특별히 잘해 주고 권한을 전권 위임하는 이유는 어디에 있는지를 면밀하게 잘 살펴야 한다. 왜냐하면 언제든 상사는 마음만 먹으면 쥐도 새도 모르게 꼼수를 써서 공략을 할 것이기 때문이다.

상사는 직장 생활의 오메가이자 알파이다. 그러므로 직속 상사의 자리를 탐내기 이전에 현재 상사가 자기를 대하는 방식이 어떠하며 어디에 함정이 숨겨져 있는지도 면밀하게 살펴야 한다. 또 상사가 오해를 하고 있는 것은 무엇인지, 상사가 어떤 연유에서 자기를 경쟁자로 삼고 있는지를 잘 살펴서 오해를 사지 않도록 투명하고 진솔한 태도를 보여야 한다. 아울러,

자기 역시 상사를 공략할 수 있는 결정적인 단서를 잡아, 필요하다면 결정적인 순간에 일시에 상사를 공략하여 경쟁에서 승기를 잡아야 한다.

만약의 경우 상사와 경쟁을 하다가 조직 변경으로 다른 곳으로 이동해야 하는 경우나 조직이 해산될 때에는 경쟁을 하기보다는 동반자 의식을 심어 주는 것이 장기적으로 실익이 많다. 그렇지 않고 경쟁적 갈등 관계가 해소되지 않는 상태에서 조직이 해산되면 그 상사로 인해 다른 조직에서 생활을 하는 데 좋지 않은 영향을 받게 된다. 그 상사가 자기에 대해서 좋지 않은 평가를 할 것이기 때문이다. 그러므로 조직이 해산되는 과정에서는 그 상사에게 충성심을 표하고 자기의 안위보다는 그 상사의 안위를 먼저 생각해야 한다. 해산되는 과정에서 자기 갈 길을 찾겠다고 나서는 모습은 자기의 이기적인 모습을 보일 뿐이다. 끝까지 헤어지는 순간까지 그 상사를 지키겠다는 뉘앙스를 풍기면 종전보다 더욱 친밀한 관계가 형성될 것이다.

무슨 일을 하든 마지막 끝부분에서 잘해야 한다. 그렇다. 끝까지 유종의 미를 거둔다는 의미에서 헤어질 때에는 경쟁 관계를 해소하고 동반자적 동지적인 관계를 맺고 헤어지는 것이 장기적으로 실익이 크다. 이것이 결자해지의 지혜이다.

26. 주변이 어수선하면 침묵한다

경쟁을 하는 과정에서 주변 환경이 어수선하고 분위기가 혼란스러운 상황에서는 일단 몸을 숨기고 침묵을 유지하는 것이 실익이 크다. 또 경쟁 과정에서 특별 이슈 발생으로 갑자기 혼란스럽게 되는 경우에는 우선 몸을 숨기고 제3자의 입장에서 객관적으로 상황을 면밀하게 살펴봐야 한다. 왜냐하면 평온했던 분위기가 갑자기 혼란스럽게 된 경우에는 필연적으로 그런 상황을 조장해서 실익을 챙기려는 사람이나 단체가 있기 때문이다. 조직에서 매너리즘에 빠져 있는 조직원들의 의식 개혁을 위해 위기를 조장하여 조직에 활력을 불어넣어 주는 경우도 바로 일부러 혼란스러운 상황을 조장하는 것이다. 또 특별한 이슈를 발생시켜 기득권을 가진 사람들이 불리한 상황에 놓이도록 상황을 반전시키는 경우도 있다. 이상과 같은 상황에서 경쟁을 하고 있다면 분명히 경쟁의 흐름이나 주도권이 다른 방향으로 흘러갈 확률이 높다. 그러한 상황에서는 평소에는 아무런 문제가 되지 않는 것들이 큰 문제가 되기도 하고, 별로 중요하게 생각하지 않는 일이 매우 중요한 일로 부각되는 경우도 있다.

대부분 경쟁 과정에서 특별한 이슈를 발생시켜 경쟁의 판도를 바꾸려는 사람들이 주로 사용하는 술책은 그간 관례대로 해온 것이나 특정한 룰에 의해서 운영되는 것들을 변경하거나 없애는 경우이다. 또 경쟁의 흐름을 자기에게 유리하게 흘러가도록 게임의 규칙을 바꾸고 경쟁의 주도권이 자기에게 유리하도록 경쟁의 판 자체를 뒤집을 수 있는 비상 상황을 연출하는 경우가 많다.

조직이 혼란스럽고 특별한 이슈가 발생되었는데 그에 따른 대응을 하지 않고 계속해서 경쟁을 하려고 하는 것은 경쟁의 판을 흔들려는 사람의 꼬임에 넘어가는 경우라고 볼 수 있다. 또 조직을 흔들어서 경쟁의 주도권을 가진 사람이 특별한 행동을 하도록 혼란스러운 분위기를 조장했는데 그 올가미에 걸려든 격이다. 그러므로 조직이 혼란스럽고 갑작스럽게 조직 분위기가 바뀌는 경우에는 침묵을 유지하고 은둔하여 은밀하고 신중하게 말과 행동을 달리해야 한다. 그렇지 않으면 경쟁에서 이기려고 하는 혹은 자기가 원하는 것을 얻고자 하는 사익에 눈이 멀어 있는 것으로 비춰질 수 있으므로, 그런 상황에서는 그에 상응하는 대안을 마련하여 자기가 가진 경쟁의 주도권을 일시 잠깐 내려놓아야 한다. 또 주변의 흐름에 따라 새롭게 변한 경쟁의 판에서 자기가 어떻게 해야 할 것인가에 대한 대안을 마련하여 이에 대응해야 한다. 그래서 혼란이 잦아들고 다시금 평온을 되찾으면 그때 다시금 경쟁에 임해야 경쟁의 주도권을 빼앗기지 않고 계속해서 경쟁의 흐름을 이어갈 수 있다.

경쟁을 하다가 주변 환경이 어수선하고 혼란스러우면 그 혼란으로 인해 누가 가장 큰 이익을 보는가를 보면 그 상황을 누가 조장을 했는지 어느 정도 예측 가능하다. 결론적으로 경쟁의 과정에서 주변 환경이 혼란스럽고 분위기가 평소와 다르다면 경쟁의 판에 변화가 생겼다는 것을 감지해서 그에 따른 대안을 마련하여 경쟁에 임해야 한다. 그렇지 않고 경쟁의 판이 바뀌었다는 것을 인지하지 못하고 평소에 하던 대로 하는 것은 십중팔구는 혼란스러운 분위기를 조장한 사람의 덫에 걸리는 형국과 같다.

때로는 일부러 경쟁의 판을 흔들어서 혼란을 유도하는 것이 이익이 된다면 그렇게 하는 것도 좋은 방법 중 하나이다. 특히 경쟁 상대를 뒤에서 후원하는 드러나지 않는 사람을 드러나게 하기 위해서는 일부러 경쟁의 판을 흔들어서 혼란을 조장하고, 그 상황을 멀리서 바라보면서 숨어 있는 경쟁 상대의 조력자가 나오기를 기다리는 것도 좋다. 예컨대 세상에서 가장 무서운 적은 보이지 않는 적이라는 말이 있듯이 뒤에 숨어서 경쟁 상대를 조정하고 후원해 주는 사람이 제일 무서운 경쟁자이다. 눈에 보이는 경쟁자의 공격에 대해서는 어느 정도 방어가 가능하지만 보이지 않는 경쟁 상대 후원자의 공격을 쉽게 방어하기가 곤란하다. 왜냐하면 보이는 경쟁 상대는 성향과 그 기질에 따라 어느 정도 예측이 가능하지만, 보이지 않는 경우에는 예측이 불가능하여 결정적인 상황에서 속수무책으로 당할 수밖에 없는 상황에 처하게 되기 때문이다.

27. 경쟁 상대의 지배자와 손을 잡는다

　심적으로 경쟁 상대의 자신감을 약화시키면서 경쟁의 주도권을 잡기 위해서는 경쟁 상대가 껄끄럽게 생각하는 사람이나 경쟁 상대에게 직간접적으로 상당한 영향력을 발휘하는 천적 관계의 사람들과 소통을 하면 도움이 된다. 대부분의 사람들은 각각 개인의 역할과 책무에 따라 지배와 피지배 관계를 형성하고 있다. 즉 먹고 먹히는 먹이사슬의 관계처럼 상황과 여건에 따라 혹은 관계하는 사람에 따라 지배자가 되기도 하고 피지배자가 되기도 한다.

　경쟁을 할 때는 경쟁 상대를 지배할 수 있는 사람은 누구이고, 경쟁 상대에게 지배를 당하는 사람은 어떤 사람인지를 알고 있는 것이 크게 도움이 된다. 그래서 경쟁 상대와 직접 경쟁을 하기보다는 경쟁 상대를 지배할 수 있는 사람을 이용하여 경쟁 상대를 자기가 원하는 방향으로 움직이도록 하는 것이 좋다. 일례로 직장인의 경우, 직장 동료를 대상으로 경쟁을 하고 있다면 그 직장 동료의 상사와 친하게 지내면서 경쟁 상대가 함부로 자기를 엿보지 못하도록 하는 것이다. 경쟁 상대의 입장에서는 자기의 직장 상사와 친하게 지내는 사람과 불미스러운 일이 발생되는 것을 꺼려해서 섣부르게 아무런 명분 없이 적극적으로 경쟁의 공세를 펼치지 못할 것이다. 왜냐하면 자칫 자기 상사와 친분이 두터운 경쟁 상대로 인해 자기와 상사와의 관계가 불편해질 수도 있기 때문이다. 그런 관점에서 볼 때 경쟁을 할 때는 경쟁을 하기 전에 경쟁 상대에게 영향력을 발휘할 수 있는 사람은 누구이고, 경쟁 상대가 무서워하는 사람이 누구인지를 아는 것이 매우 중요하다. 이에 더하여 필요에 따라서는 경쟁 상대를 설득할 수 있는 사람이나 경쟁 상대가 측은하게 생각하는 사람, 혹은 경쟁 상대가 애지중지하는 사람은 누구이고, 애지중지하는 물건이 무엇인지를 아는 것도 중요하다. 왜냐하면 결정적인 상황에서는 필요에 따라 그런 점을 이용하여 경쟁에서 우위를 차지할 수 있고, 경우에 따라서는 자기가 위기에 처했을 때 그 사람이나 물건을 통해 경쟁 상대가 쳐 놓은 함정에서 벗어날 수 있기 때문이다.

마음 편하게 경쟁하며 살자!

가끔은 모든 것을 내려놓고, 아무런 근심 걱정 없이 마음 편하게 칩거하고 싶은 생각이 든다. 그런데 그러면 그럴수록 이제는 이빨 빠진 호랑이처럼 뒷방으로 내몰리는 것은 아닌가 하는 섭섭한 생각이 들기도 한다. 또 현재 잡고 있는 것은 무엇이며, 아등바등하면서 놓치지 않으려고 하는 기득권은 또 무엇인가에 대한 의구심을 갖게 된다. 사실 잡고 있는 것이 명확하게 무엇인지 감을 잡을 수 없고, 잡고 있는 기득권이라는 것이 또 무엇인지 그 실체를 알 수가 없다. 그럼에도 불구하고 뭔가 내려놓으면 서운할 것 같은 생각이 가끔씩 드는 것은 아마도 뒷방으로 밀려나고 싶지 않은 욕심에서 비롯된 것은 아닌가 하는 생각이 든다. 또 나이는 먹었지만 마음만은 아직도 기운이 팔팔 넘치는 청춘이라는 생각이 모든 것을 내려놓아야 하는 적절한 타이밍을 잡지 못하게 한다는 생각이 든다. 그런 가운데서도 마음 한편에서는 살아 숨 쉬고 있는 한 경쟁을 해야 하는 것이 숙명이라는 생각이 든다. 그래서 이제는 과한 욕심을 버리고 그저 마음 편하게 경쟁하면서 뒷방으로 밀려나지 않고 현업에 남아 있자는 생각을 굳혀 본다. 왜냐하면 왠지 뒷방은 허전하고 쓸쓸하며 불행할 것 같은 생각이 들기 때문이다.

사실, 경쟁의 궁극적인 목적은 오늘보다 더 나은 행복을 추구하기 위해서이다. 그러한 행복은 마음이 편하면 저절로 찾아온다. 즉 마음 편하게 사는 것이 행복한 삶이다. 아울러 마음이 편하면 굳이 치열하게 경쟁을 할 필요가 없다. 그런데 대부분의 사람들이 우리네 삶은 경쟁이 없으면 발전도 없다고 말한다. 또 경쟁은 진화와 성장의 필요 충분 조건이며, 경쟁에서 이겨야 마음 편하게 살 수 있다고 말하고 있다. 그러기에 뒷방으로 밀려나 마음 편하게 살 수 없을 바에는 마음의 평화를 위해 지속적으로 경쟁을 거듭해야 하고, 정정당당하게 경쟁에서 승리하여 그 안에서 마음의 평화를 누려야 한다. 그러면 마음의 평화와 참다운 경쟁이라는 두 마리 토끼를 다 잡을 수 있을 것이라고 확신한다.

ⓒ 김해원, 2024

초판 1쇄 발행 2024년 11월 5일

지은이   김해원
펴낸이   이기봉
편집   좋은땅 편집팀
펴낸곳   도서출판 좋은땅
주소   서울특별시 마포구 양화로12길 26 지월드빌딩 (서교동 395-7)
전화   02)374-8616~7
팩스   02)374-8614
이메일   gworldbook@naver.com
홈페이지 www.g-world.co.kr

ISBN   979-11-388-3659-3 (03190)